苑利 顾军 主编｜中国文化遗产保护北斗丛书

中国农业文化遗产保护工作指导手册

苑利 顾军 著

学苑出版社

图书在版编目(CIP)数据

中国农业文化遗产保护工作指导手册 / 苑利,顾军著.
—北京:学苑出版社,2022.9
(中国文化遗产保护北斗丛书 / 苑利,顾军主编)
ISBN 978-7-5077-6484-0

Ⅰ.①中… Ⅱ.①苑… ②顾… Ⅲ.①农业—文化遗产—保护—中国—手册 Ⅳ.① S-62

中国版本图书馆 CIP 数据核字(2022)第 159939 号

出 版 人:	洪文雄
责任编辑:	周 鼎
装帧设计:	黄 辉 齐立娟
剪纸创作:	段吉庆
出版发行:	学苑出版社
社　　址:	北京市丰台区南方庄 2 号院 1 号楼
邮政编码:	100079
网　　址:	www.book001.com
电子信箱:	xueyuanpress@163.com
联系电话:	010-67601101(营销部) 010-67603091(总编室)
印 刷 厂:	英格拉姆印刷(固安)有限公司
开本尺寸:	787×1092 1/32
印　　张:	6.125
字　　数:	116 千字
版　　次:	2022 年 9 月第 1 版
印　　次:	2023 年 6 月第 2 次印刷
定　　价:	48.00 元

总　序

据说，地球上共有动物150多万种，但从起源角度看，无论是有脊椎动物，还是无脊椎动物，它们的起源都远远早于人类。哪怕是一只鳄鱼，一只壁虎，一条蚯蚓。但令人不解的是，为什么在生物进化过程中，后起的人类居然能异军突起，并将那些早于自己的动物，远远地抛在自己的身后？原因很简单，小动物们活着靠的是本能，而人活着除靠本能之外，还在于他们善于学习。不管经历与否，只要他们学到了相关知识，就能利用这些知识去解决面对的问题。当然，一个人的阅历毕竟有限，全靠自己的亲力亲为去获取知识并不现实。这就要求我们在多走多看、增加阅历的同时，多向别人学习，特别是向在5000年中华文明史上，创造过各种文明的祖先们学习，看看祖先们是怎么解决这类问题的。

祖先的经验传递通常会以以下三种方式进行：一种是以典籍的方式将知识与经验传递给我们，一种是以文物的形式将知识与经验传递给我们，最后一种是以口传心授的方式将知识与经验传递给我们,这便是我们通常所说的非物质文化遗产。既然祖先是以上述三种方式,将他们的知识与经验传递给我们的,我们在研究祖先智慧时,就应该打通壁垒,从文献、文物以及非物质文化遗产等多个层面与维度,对祖先遗产进行全方位解读与研究。

在各类遗产中,物质文化遗产似乎是最靠谱的存在。原因是它本身就是历史的一部分,通过它当然可以反观历史,反观祖先在历史上创造的各种文明。但只保护物质文化遗产尚远远不够,因为它很难回答这种文明是怎样创造出来的。与它相比,非物质文化遗产似乎更容易回答这个问题。原因在于,非物质文化遗产尽管不是秦砖汉瓦,但它是秦砖汉瓦的烧制技术;尽管它不是故宫长城,但它是故宫长城的建造技术。从表面看,非物质文化遗产似乎只是活在当下的存在,但实际上它同样是历史的一部分。我们完全可以通过取今证古的方法,用它来解读历史上的各种文明。当然,对于中国这样一个具有3000多年文字使用史的民族来说,只保护好物质文化遗产与非物质文化遗产仍然不够,因为这些文物及文物制作技术背后的许多东西——如作者的设计理念等,通常都是通过文字记录下来的。所以,在对物质文化遗产与非物质文化遗产实施"成对儿"保护的同时,还应注意到对相关文献的保护与研究。正是出于这样一种理念,我们在设计这套丛书时,并没有将目光局限于我们擅长的非物质文化遗产自身，而是在关注非物质文化遗产的同时，也将目光投向了物质文化遗产和文献遗产，并期望通过这种全方位的关照，为祖先遗产的保护，找出更多规律性的东西。

苑 利

2022年9月

前　言

中国是个具有近万年农业史的文明古国，她地大物博，民族众多，文化类型相当丰富。中国这个古老的文明古国之所以能够在近万年的历史发展长河中长盛不衰，其中一个非常重要的原因，就是她能以其相当成熟的农业生产方式，最大限度地满足了人民生存的第一需求。

但是，随着近代工业文明的闯入，传统的生产方式也在发生着明显的改变。我们在体会现代工业文明给我们带来诸多益处的同时，也深深地感觉到了这个匆匆赶来的门外汉给传统生产方式，特别是传统农业文明带来的诸多问题。例如，在近万年的中国农业文明发展过程中，我们的祖先通过使用农家肥、青肥、土地轮种、套种、灌溉、修建梯田等种种农业技术，基本上实现了对土地的永续利用。而随着化肥、农药等西方工业文明的进入，我们的土地却仅在短短的 50 多年中，就已经出现了硬化、板结、地力下降、酸碱度失衡、有毒物质严重超标等一系列问题。我们并非排斥工业文明，但我们在享受现代工业文明给我们带来巨大利益的同时，是否也应该对工业文明给我们带来的种种灾难进行必要的反省？！否则，我们的农业就会像是一个吸食鸦片的吸毒者，表面上兴奋一时，事实上已经走上绝路。今天我们之所以要发掘、保护包括农业文化遗产在内的各种文化遗产，目的就是想通过这样一个工程来重新审视、发掘、弘扬、传承我们的传统农耕文明，并为人类农耕文明的发展指出一条前进的道路。

苑利　顾军
2022 年 3 月 20 日

目　录

一、概念篇

一　什么是农业文化遗产？　/ 003

二　为什么农业文化遗产必须要有百年以上的历史？　/ 004

三　为什么农业文化遗产必须以活态形式传承至今？　/ 005

四　为什么说农业文化遗产一定要原汁原味传承至今？　/ 006

五　为什么必须把农业文化遗产当成一个完整的系统
　　去看待？　/ 007

六　为什么说农业文化遗产是一种综合性遗产？　/ 009

二、价值篇

一　为什么说保护农业文化遗产是人类认识自身农耕
　　文明的需要？　/ 013

二　为什么说保护农业文化遗产是确保农业可持续
　　发展的需要？　/ 016

三 为什么说保护农业文化遗产是保护粮食品种多样性的需要？ / 017

四 为什么说保护农业文化遗产是确保粮食安全的需要？ / 019

五 为什么保护农业文化遗产是确保人类社会高品质生活的需要？ / 021

三、保护篇

一 为什么要保护传统农耕技术？ / 025

二 为什么要保护传统农业生产工具？ / 027

三 为什么要保护传统农业生产制度？ / 029

四 为什么要保护传统农耕信仰？ / 030

五 为什么要保护当地的民间文学、乡土艺术？ / 032

六 为什么农业文化遗产要重点保护传统农作物品种？ / 033

七 为什么农业文化遗产地要以保护当地传统农作物品种为己任？ / 035

八 为什么一定要保护当地的传统农业生产设施？ / 037

四、原则篇

一 为什么一定要对农业文化遗产实施就地保护？ / 041

二 为什么一定要对农业文化遗产实施整体保护？ / 042

三　为什么一定要对农业文化遗产实施活态保护？　/ 044

四　为什么一定要对农业文化遗产实施最少干预原则？　/ 045

五、理念篇

一　为什么保护农业文化遗产一定要秉持"大遗产"概念？　/ 049

二　为什么保护农业文化遗产要彻底澄清传统农耕文化落后观？　/ 051

三　为什么说优秀的农业文化遗产可以作为一张地方名片去打造？　/ 053

四　为什么保护农业文化遗产需要加强社会分工意识？　/ 055

五　为什么对农业文化遗产要抱以更加宽容的态度？　/ 056

六、关系篇

一　为什么一定要处理好"物质文化遗产"与"非物质文化遗产"的关系？　/ 061

二　为什么一定要处理好"政府"与"种田人"的关系？　/ 062

三　为什么一定要处理好"长期利益"与"短期利益"的关系？　/ 064

四　为什么一定要处理好"人"与"物"的关系？　/ 066

五　为什么一定要处理好"保护"与"开发"的关系？　/ 067

七、申报篇

一　《申报书》的填写都需要哪些方面的知识？　/ 071

二　为什么说拉网式普查是申报工作的第一步？　/ 073

三　如何做好《申报书》填写工作的专项调查？　/ 075

四　为什么说申报项目在质量上必须代表中国传统农业的最高水平？　/ 076

五　如何填写《申报书》中遗产项目的"主要特征与价值"？　/ 078

六　如何填写《申报书》中的"遗产地概况"？　/ 080

七　如何填写《申报书》中的"起源与演变历史"？　/ 083

八　如何填写《申报书》中的"农业特征"？　/ 085

九　如何填写《申报书》中的"生态特征"？　/ 087

十　如何填写《申报书》的"景观特征"？　/ 088

十一　如何填写《申报书》中的"技术体系"？　/ 089

十二　如何填写《申报书》中的"知识体系"？　/ 091

十三　如何填写《申报书》中的"文化特征"？　/ 095

十四　如何填写《申报书》中的"创造性"？　/ 097

十五　如何填写《申报书》中的"独特性"？　/ 098

十六　如何填写《申报书》中的"遗产功能与重要性评估"？　/ 099

十七　如何填写《申报书》中的"问题与机遇"？　/ 102

十八　如何填写《申报书》中的"保护与发展措施"？　/ 103

十九　如何填写《申报书》中的"附件"？　/ 105

八、规划篇

一　如何填写《规划书》中的"总则"？　/ 109

二　如何填写《规划书》中的"遗产特征与遗产价值分析"？　/ 111

三　如何填写《规划书》中的"遗产的重要性与保护的必要性和紧迫性"？　/ 119

四　如何填写《规划书》中的"保护与发展的优势与劣势、机遇与挑战"？　/ 120

五　如何制定《规划书》中"保护与发展措施"？　/ 121

六　如何制定《规划书》中的"保护规划"？　/ 123

七　如何制定《规划书》中的"发展规划"？　/ 125

八　如何制定《规划书》中的"能力建设规划"？　/ 127

九　如何填写《规划书》中的"风险与效益分析"？　/ 129

十　如何填写《规划书》中的"保障措施"？　/ 130

十一　如何填写《规划书》中的"附录"？　/ 131

九、活用篇

一　如何活用传统农业生产知识技术类遗产资源？　/ 135

二　如何活用传统农业生活知识类遗产资源？　/ 137

三　如何活用传统仪式类遗产资源？　/ 139

四　如何活用传统节日类遗产资源？　/ 140

五　如何活用民间文学类遗产资源？　/ 141

六　如何活用传统表演艺术类遗产资源？　/ 144

七　如何活用传统工艺美术类遗产资源？　/ 146

十、问题篇

一　为什么说对优秀传统农耕技术的保护尚远远
　　不够？　/ 149

二　为什么说我们对优秀传统农作物品种的保护
　　尚远远不够？　/ 151

三　造成遗产地不愿种植传统农作物品种的原因
　　是什么？　/ 153

四　为什么说物种基因库取代不了传统农作物
　　品种的活态传承？　/ 155

五　为什么说我们对优秀传统农具制作技术的保护
　　远远不够？　/ 156

六　为什么说我们对外来物种的监管还远远不够？　/ 159

七　为什么说我们对当地农民队伍的保护远远不够？　/ 162

八　为什么说我们对传统农耕信仰的保护远远不够？　/ 163

九　为什么说把传统仪式当作"封建迷信"是件非常
　　糟糕的事儿？　/ 165
十　为什么说我们对传统农业生产制度的保护还远远
　　不够？　/ 167

附　录

一　中国重要农业文化遗产名录　/ 171
二　全球重要农业文化遗产名录　/ 179

一、概念篇

一 什么是农业文化遗产？

所谓农业文化遗产主要是指人类在历史上创造，并以活态形式原汁原味传承至今的、具有重要价值，且又非常符合可持续发展理念的农业生态系统。它包含以下五大要素。

（一）从传承时限看，农业文化遗产必须是人类在历史上创造的。时间不足百年者，不能称之为"农业文化遗产"。这也是我们对农业文化遗产在传承时限上的一个硬性要求。

（二）从传承形态看，农业文化遗产是以活态形式传承至今。所谓"活态传承"，就是指通过年复一年的耕耘来完成传统农业生产技术的代际传承。

（三）从原生程度看，我们所说的"农业文化遗产"，必须要原汁原味传承至今。

（四）从系统程度看，农业文化遗产必须是一个完整的有机整体。这个农业生态系统常常以"××农业文化遗产地"的形象呈现在我们面前。

（五）从文明程度看，农业文化遗产必须是一个民族或是一个地域农业文明之集大成者，没些"拿手绝活"，是不能评为农业文化遗产的。

二 为什么农业文化遗产必须要有百年以上的历史？

从传承时间看，农业文化遗产必须是历史上产生的，时间不足百年者（如大寨），即使再优秀，也不是农业文化遗产。道理有两个：

（一）一个地方的传统农业生产能不能成为农业文化遗产，是需要时间历练、时间检验的。我们评选中国重要农业文化遗产，就是要通过大浪淘沙式的选拔，把历史上最能代表中国农耕文明特征的、最优秀的传统农业生产技术、传统农作物品种、传统农业生产制度，以及与之息息相关的传统文化钩沉出来，为我们认识中国古老的农耕文明开拓出一条全新的渠道，也为我们发展当代农业找到更多可资借鉴的参考。

（二）我们之所以将入选时段限制在百年以上，是因为这一时期我国的传统农耕技术已经非常成熟，而以农药、化肥为代表的西方现代农业尚未大举进入我国。这时中国的传统农业基因可以说是最纯正的。只要保护好这些中国传统农耕文明基因，中国历史上产生的最优秀的农耕文明就会由此被我们继承下来，并传承下去，中国的农耕文明就不会因西方当代农业的传入而彻底消失，从这个角度来说，保护好本国农业文化遗产无论如何都是十分重要的工作。

三　为什么农业文化遗产必须以活态形式传承至今？

广义的农业文化遗产有多种类型。如近些年挖掘出来的诸多农业遗址、整理出来的诸多农耕文献等等，都可称之为"农业文化遗产"。但中国重要农业文化遗产保护工程所保护的不是那些已经"物化"了的农业文物，而是尚以活态形式原汁原味传承至今的、通过农民年复一年从不间断的耕种而传承下来的，包括传统农耕技术、传统农耕制度、传统农耕信仰、传统农作物品种、传统农业生产设施在内的活态文明。保护农业文化遗产的目的，就是通过这种年复一年的活态传承的方式，将人类在历史上创造出来的农耕文明继承下来，并传承下去。可以说，"活态传承"是这类农业文化遗产的最基本的特征。

四 为什么说农业文化遗产一定要原汁原味传承至今？

当然，作为农业文化遗产，仅有活态传承尚远远不够，我们对农业文化遗产还有一个重要要求——一定要原汁原味传承至今。如果一个申报项目从传统农耕经验、农耕技术、农耕制度、农作物品种，直到与该申报项目息息相关的传统农耕信仰、传统节日、传统仪式、民间文学、表演艺术等，都已经发生改变，或者说都已经不再原汁原味，我们就无法从该项目中读取更多可靠的历史信息、技术信息和遗传信息，我们就无法将祖先在历史上创造的中国传统农耕文明如实地继承下来。所以，是否以活态形式原汁原味传承至今，是我们判断一个申报项目能否成为农业文化遗产的重要依据。在选择农业文化遗产项目时，我们之所以去关注那些远离城市、远离现代化，且传统农耕文明又非常发达的偏远地区，原因就在这里。

五 为什么必须把农业文化遗产当成一个完整的系统去看待？

作为遴选项目，我们这里所说的"农业文化遗产"，并不是特指某项单一的农耕技术、农业品种，也不是指某项单一的农耕制度或农耕信仰，而是指人类在历史上创造，并以活态形式原汁原味传承至今的各种优秀农耕技术、农耕经验、农耕制度、农耕信仰、农作物品种以及农业生产设施等均保存完好的一个稳定的农业生态系统。

需要特别指出的是，传统农业不可能是一个单独的存在。作为农业文化遗产，它一定是一个完整的存在。除此之外，我们在保护好该农业文化遗产同时，还要保护好与之息息相关的传统农业生活。否则，我们要保护的农业文化遗产，就会因生存环境的缺失，而变成"无源之水，无本之木"。所以，在保护农业文化遗产时，我们既要考虑到农业生产方式对农业生活方式的影响，也要考虑到农业生活方式对农业生产方式的影响。举例来说，中国南方稻作农业这种特定的农业生产方式，不但决定了稻作民族以稻米为食的传统，并由此演绎出了一系列与稻作生产有关的传统农耕信仰、传统仪式、传统节庆，同时还产生了一套与稻作生产息息相关的食品制作技术（如米饭制作技术、打糕制作技术、田鱼制作技术、米酒制作技术等等）、房屋建造技术（稻草苫房技术）等传统生活技术。许多传统农业生产甚至还会影响到周边产业——如林业（桑基鱼塘）、副业（稻田养鸭）、渔业（稻田养鱼）的发展与走向。反过来说，这些传统生活习俗也会反作用于稻作民族的生产方式——包括他们的播种方式、除草方式、驱虫方式，以及收获储藏方式等等。如果我们忽视了这些特有生产方式与生活方式的相互影响，我们就很难在农业文化遗产保护与传承过程中，找到更多的带有规律性的东西。

六 为什么说农业文化遗产是一种综合性遗产？

农业文化遗产是一种综合性遗产。所以，要想保护好这笔遗产，就要考虑到这类遗产的方方面面。譬如说，农业文化遗产有"物质"的一面——譬如它有高耸入云的梯田、一望无际的垛田和那些绵延数百里的坎儿井；但同时它也不缺乏"非物质"的一面。比如浙江青田稻鱼共生系统之所以能被列入《中国重要农业文化遗产名录》，并不是因为它的梯田有多壮观，而是因为该项目中稻田养鱼技术解决了水稻生长过程中灭虫、除草以及田间施肥等一系列问题，它巧妙地利用了动植物的天性，成功地解决了人类很难解决的问题。再譬如它有"文化遗产"的一面，但同时也不乏"自然遗产"的一面。如已进入《中国重要农业文化遗产名录》的几乎所有的梯田项目，所用水源几乎都来自这些梯田之上的神山、神林，其自然边界与人文边界是十分模糊的。因此，在保护农业文化遗产的过程中，仅仅凭借着以往我们保护非物质文化遗产、物质文化遗产的单一经验，来保护这一全新的遗产类型，显然十分困难。因为它牵涉到了物质文化遗产、非物质文化遗产以及自然遗产的方方面面，远比仅仅保护非物质文化遗产、物质文化遗产、文化遗产或是自然遗产的难度要大得多。搞得不好，就很容易造成"保护性破坏"，这一点并非耸人听闻。

二、价值篇

一 为什么说保护农业文化遗产是人类认识自身农耕文明的需要?

从传承时段看,我们所说的农业文化遗产,尽管仍以活态形式传承至今,但就其本质而言,都是历史的产物、历史的一部分,含有丰富的历史信息、文化信息和科技信息,是人类认识自身农耕文明的一条重要途径。

正如众所周知的那样,人类对自身农耕文明的认识,几乎都是从典籍开始的。这对中国这样一个农耕文明历史悠久、农业典籍相对丰厚的农业大国来说,通过典籍认识本国农耕文明,显然有它明显的优势。如当你不知道如何晒秋粮时,《齐民要术》会告诉你:晒秋粮时"必须日曝令干,及热埋之"(太阳曝晒之后,趁热收藏);当你不知道如何除去瓜田蚁虫时,《齐民要术》还会告诉你:种瓜如"有蚁者,以牛羊骨带髓者,置瓜科左右,待蚁附,将弃之"。这些方法简单、便捷,充满了民间的智慧。古往今来,我们的农学家正是通过典籍的查阅,弄清了古人收藏小麦与铲除瓜蚁的方法。但农业典籍在记载农耕经验时也有它明显的短板。由于记载简单,有时我们根据典籍所述,很难对某些农业生产技术做到精准还原。如《齐民要术》在谈及种柘法时,只讲到柘可为扶老杖、马鞭、胡床、锥、刀把、犊车、鞍桥、快弓等，但为什么用它来做上述物件，制作这些物件又需要哪些独有的工序，且效果如何，典籍均语焉不详。

进入20世纪70年代后，随着考古学的发展，特别是随着浙江余姚河姆渡、河北武安磁山、湖南醴县彭头山、湖南道县玉蟾岩、江西万年仙人洞等农业遗址的发掘，文物考古又为中国农史学家认识中国远古农耕文明，开启了第二条途径。与典籍相比，考古资料在帮助我们认识农耕文明的过程中，有着典籍无法比拟的优势——它更具体，也更直观。一个地方历史上出产过什么品种，使用过什么工具，且各时代都有过怎样的演变更替，通过现场发掘可以一目了然。当然，作为认识本国农耕文明的一条重要途径，考古学同样也有它的问题。如我们很难通过考古发掘，将历史上曾经出现过的所有传统农耕技术、传统节日、传统仪式以及祭神娱神表演等，这些非物质类文明，惟妙惟肖地呈现出来。就是历史上曾经出现过的器物，如各种木制农具，由于保存环境恶劣，已经消失得无形无踪。这对于要全面了解、继承中华远古农耕文明的我们来说，显然是件非常遗憾的事。

那么，是不是在认识中国农耕古文明的进程中，我们已经步入绝境，再无路可走了呢？答案是否定的。

近年来，随着对农业文化遗产研究的不断深入，我们又发现了人类认识自身农耕文明的第三条途径——通过保存至今的农业文化遗产，同样可以帮助我们认识中国历史上各个朝代的农耕文明。与考古发掘只能提供物证不同，农业文化遗产除能提供物证，如历史上建造的河渠、堤坝、梯田、垛田外，还能提供考古学所无法提供的形形色色的非物质文化遗产，如包括远古农耕祭祀、传统节日、传统仪式、民间文学、表演艺术，从而进一步拓宽了我们认识中国历史上农耕文明的视野，而这正是农业典籍、农业考古所无法提供给我们的。可以说，这第三条路径的开通，可以使我们对本国农业文化遗产的了解变得更加深刻、更加全面，也更加深入。

当然，要想让所存农业文化遗产具有历史认识价值也是有前提条件的，这便是该农业文化遗产必须要以原汁原味的形式保存或传承至今。如果该项目已经发生大的改变，无论是在农耕技术上已经采用了现代化的大机械生产，还是在农业品种上已经改种了转基因稻，则该项目都会因"不再是历史上的样子"，而"不再具有历史认识价值"。

二 为什么说保护农业文化遗产是确保农业可持续发展的需要？

中国是个具有近万年农业史的文明古国。在这近万年的发展过程中，由于我们使用了轮种套种技术、保墒防旱技术、稻田养鱼技术、生物灭虫技术、围海造田技术、桑基鱼塘技术等传统农耕技术，使我们的农田即使使用了近万年，迄今仍能实现有效的利用。但是，随着近代工业文明的闯入，特别是随着化肥、农药、除草剂等西方工业文明的闯入，我们的土地仅在这短短的50多年中，就已经出现了板结、硬化、地力下降、酸碱度失衡、有毒物质超标等一系列问题。我们并非排斥工业文明的介入，但现实告诉我们，我们真的有必要对现代工业文明给当代农业带来的上述后果予以必要的反思。否则，当代的中国农业很可能就会像一个吸食了毒品的瘾君子，表面看上去精神抖擞，但实际上已经病入膏肓，已经失去了可持续发展的能力。

今天我们之所以要保护农业文化遗产，目的就是想通过这样一个工程，来重新审视、发掘、弘扬、传承我们的传统农耕文明，并为今后农业的可持续发展找到更多的借鉴。

三 为什么说保护农业文化遗产是保护粮食品种多样性的需要?

以转基因、杂交稻为标志的现代农业,确实为解决人类的粮食危机带来巨大转机,但这种现代农业所能解决的至多是让全国人民"吃得饱"的问题,如一味追求产量的发展思路,却永远无法解决让全国人民"吃得好"的问题,解决不了随着人类社会生活水平的提高而对粮食品种、食品口味的多样性需求。

为了避免类似情况的发生,近年来世界各国都在以良种基因库的形式保护传统优良品种,但这种保护同样有它的问题。第一,基因库所能保护的粮食品种在数量上肯定是有限的。它不可能将全国各地的传统农作物品种都搜集上来;第二,它所能搜集的只是农作物品种本身,而与之相关的传统农产品种植技术并没有,也不可能系统而全面地保存上来。第三,从目前情况看,良种基因库储存良种的时间是非常有限的,随着时光的流失,用不上几年,所藏良种就会失去活性,不再有种质资源的价值。所以,这种保存方式说到底只能是对农作物品种的短时段保存,而不是对农作物品种以及相关农耕技术的系统保护。相关技术一旦失传,基因库中的农作物品种,就会变成只会"发芽"的文物,这与我们所要求的活态传承,显然还有相当大的差距。这就要求我们要想出更多更好的办法,以确保传统农作物品种与农耕文明的活态传承。为解决这一难题,十几年前,联合国粮农组织找到了一条捷径——通过对农业文化遗产的保护,将各地优秀的农作物品种以年复一年的"种植"的方式,一代接一代地继承下来并传承下去。这种活态保护模式不但保护了农作物品种,同时也保护了与之相关的传统农业生产技术,从而实现了人类社会对农业文化遗产的全方位保护。

四 为什么说保护农业文化遗产是确保粮食安全的需要?

在农业文化遗产中,农作物品种占有重要一席。作为优秀农作物品种的地方物种,多半都是通过数代、数十代甚至数百代人的不懈努力才培育出来的,传统农作物品种是人类社会千百年来培育出来的农耕智慧的结晶,是农业文明的重要载体。人类社会的农耕文明能否代代相传、能否保留下丰富而优秀的传统农作物品种是问题的关键。

在全球一体化的今天,随着转基因以及杂交技术的普及,农作物品种已经呈现出明显的单一化倾向。从好的方面说,转基因技术以及杂交技术的普及,客观上确实提高了农作物产量,有效地解决了让全世界人民"吃得饱"的问题。但从不好的方面看,这些现代农业技术也给人类的农业生产甚至农产品的传承带来诸多新的问题。譬如,农作物品种的单一化,很容易为病虫害传播创造条件。此外,与当地自留种子的传统做法相比,由特定种子商提供农作物种源的单一供种模式,也很容易因种子基地的绝收,而导致更大范围的无种可种问题。这种将所有"鸡蛋"都放在一个篮子里的做法,显然潜藏着更大的隐患。另外,农药、化肥、除草剂的无度使用，也在每时每刻地影响着中国粮食以及食品的安全。有关统计表明，目前我国已经有3亿多人没法喝上干净的饮用水，1.5亿亩耕地已经遭到严重污染。出于人类的长远利益，我们应该尽早觉醒，并通过农业文化遗产保护，从保护土壤、水源、空气入手，从根本上解决食品安全的问题。

五　为什么保护农业文化遗产是确保人类社会高品质生活的需要？

　　在人类尚未彻底解决温饱问题的今天，先解决"吃得饱"的问题是很容易理解的。从这个层面来说，我们并非不理解那些投身于基因米、杂交稻的专家学者。没有他们的努力，就不可能有人类社会的温饱，更不会有人类社会的安定。但是，作为一名学者，社会需要我们在解决"吃得饱"的同时，也要为解决人类社会"吃得好"，做好资源与物种上的准备。而正在进行中的中国农业文化遗产保护工程所要达成的目标，就是想通过我们的努力，将祖先在历史上历经千百年培育出来的各种各样、各具特色的农作物品种最大限度地保护起来，为人类未来的高品质生活，保留下更多的物种资源，并为人类社会提供高品质农产品做出自己的贡献，也同样需要社会的理解。

三、保护篇

一 为什么要保护传统农耕技术？

农业生产经验是广大农民，特别是那些老庄稼把式们在其漫长的生产实践中对农业生产实践的经验总结。它既包括开荒、育种、耕种、灌溉、排涝等农业生产知识，也包括防治病虫害以及秋收冬藏等农业生产经验。这些强调"天人合一"与"可持续发展"的中国传统农耕思想，是中国农业文化遗产的核心，也是发展21世纪新农业的重要参考。

农业生产经验具有强烈的地域性色彩。我们保护农业生产经验也应以保护地方特色为主。以江南稻作水乡为例。这里的稻作农业经验因时间的不同，大致可分为早期与晚期这样两个不同阶段。早期的农业生产经验以"火耕水耨"为主，而晚期的农业生产经验以"稻田养鱼"为主。关于"火耕水耨"，《史记》《汉书》都有记载。所谓"火耕水耨"就是指开春后，把地里上一年留下的枯草烧掉，再把水稻直播田中。待苗长至七八寸时，割除杂草，再将它用灌水的方式加以灭绝。它的先进之处在于，这种耕种方式充分运用了"水"与"火"这两种取之不尽，用之不竭的自然资源，来完成开荒、施肥、锄草以及防治病虫害的目的，大大缓解了江南地区地广人稀、劳力不足的问题。随着江南地区稻作农业的发展，人们又逐渐意识到了稻田养鱼技术的双重功效,并在人们的推动下,获得了巨大发展。人们通过稻田养鱼,不但清除了稻田中的杂草与病虫害,避免了农药、化肥的污染,在获得稻米丰收的同时,也获得了渔业养殖上的丰收,成功地解决了稻作民族食谱中蛋白质不足的问题。翻开《中国重要农业文化遗产申报书》就会看到,一项农业文化遗产能否申报成功,往往与申报者对申报项目农业生产技术挖掘的深度相关。一个什么传统农业生产技术都没有挖掘出来的申报项目,是没有资格申报农业文化遗产的。

二 为什么要保护传统农业生产工具？

在农业文化遗产的保护过程中，除对传统农业生产技术与经验实施强有力的保护外，还需对与之相关的传统农业生产工具及其制造、使用技术实施深入的调查。

传统农具往往代表着一个时代或是一个地域农业发展的基本水平。因此，保护好农具，对于保护农业文化遗产而言，常常会起到事半功倍的作用。在工业文明到来之前，我们的祖先在传统农具制作和使用方面，曾取得过不俗的成就。如以风能、水能为基本能源的风车、水车制造与使用技术，便为我国传统农业的发展，发挥过举足轻重的作用。这些传统农耕技术所使用的动力基本上来自自然，几乎可以做到无本经营。这些古老的高科技技术在满足农村加工业、灌溉业能量需求的同时，也有效地避免了现代工业文明给传统农业带来的种种污染和巨大的能源消耗。我们当前的任务不是随意消灭这些传统技术，或是简单地以一种文明取代另一种文明，而是要在保护、利用好这些传统农业生产技术的基础上，充分利用现代科学技术，使这些巧借自然伟力的传统科技变得更加科学、更加合理、更加耐用。如果能做到这一点，我们就有可能创造出更加符合环保精神的新型产品，并推广到更多农业区。文化的发展不应破旧立新,而应在不断继承、不断借鉴、不断温故的基础上,不断知新、创新。

保护传统农具是保护农业文化遗产的重要一环。在有条件的地方,特别是在一些旅游地,完全可以以村镇为单位,利用一些老宅成立一些以展示地方农具为主要内容的农耕文化博物馆。但作为农业文化遗产,我们更需要的还是传统农具生产制造技术与使用技术的活态传承。

三 为什么要保护传统农业生产制度？

农业生产制度是人类社会为维系传统农耕生产秩序而制定出来的一系列规则、制度、法律（以乡规民约为代表的民间习惯法）、伦理道德以及相应的民间禁忌等等。农业生产制度是为限制农业行为主体利益及效用最大化而设置的各种民间制度。其作用主要表现在以下三个方面：（一）制定公平的社会分配方式，以保障社会财富与收入的合理分配；（二）制定各种有效的保护体制，以确保在资源匮乏情况下不出现无序竞争；（三）建立各种具有约束力的制度框架，以减少不必要的交易费用。

在农业生产中，农业生产制度的建立为人类维护农业生产秩序发挥了重要作用。譬如，在干旱少雨的西北地区，人工水渠在旱作农业中所发挥的作用是妇孺皆知的。为了让用水更加公平，这里的人们不但学会了如何造渠、修渠，而且还制定出了一套十分完善的保渠、用水制度，从而使水利分配得到科学而合理的解决，有效地避免了水资源分配不公的问题。

人类上千年的农业经营史已经表明，只有农业技术，而缺乏一套完善而有效的农业生产制度，农业生产就不可能顺利进行。

四 为什么要保护传统农耕信仰？

农业信仰是农业民族的心理支柱，与之相关的民间文学、表演艺术、传统节日、传统仪式亦是中国传统农业文明的重要组成部分。忽视了这一点，也就忽视了传统农业文明与现代农业文明的根本性差别，忽视了传统农业最基本的特点。这不但不利于我们对传统农业文明的了解，同时也不利于我们对传统农业文化遗产的继承。我们的一些同志在农业文化遗产保护这个问题上之所以常常回避其中的信仰问题，原因有二：一是不懂，不清楚保护农业文化遗产与正视传统信仰有什么关系；二是将传统农业信仰简单地当成了迷信，从而无形中排除了这方面的内容。但是，我们无法回避的是，传统信仰与传统农耕文明的关系是客观存在，无视或是简单地回避这种关系，不但会影响到我们对历史实情的了解，同时也会影响到我们对传统农业文明的继承。

农业信仰是传统农耕文化的必然产物。因为在人类无法战胜自然，或是人类社会无法协调人与人之社会关系时，总会根据自己的需要创造出各种各样的神灵。譬如人类要保护山林而又无力保护山林时，便会塑造出山神；为保护水源而又无力保护水源时，便塑造出水神。这些看似迷信的信仰，为我们保住了绿水青山，保住了金山银山，这样的传统信仰何罪之有？可以这样说，历史上的神山、神林、庙田、水源等各种农业资源的保护，几乎都与农业信仰息息相关。没有农业信仰的农耕文明，在中国是不曾存在的。在新的文明尚未建立之前，有些人就急于消灭这些传统信仰，这对于农耕社会社会秩序的建立，对于自然环境的保护，都将有百害而无一利。那么，为什么世界上还有那么多的人把做了这么多贡献的传统信仰还当作迷信呢？原因很简单——他们将"迷信"与"俗信"当成了一回事。其实，俗信与迷信尽管都披着一件信仰的外衣，但两者的社会功能却是完全不同的。我们所说的"迷信"，是指依靠信仰的力量而坑蒙拐骗、谋财害命；而所谓"俗信"，则是借用了信仰的力量，整合了社会秩序，改善了自然环境。两者从动机到目的是完全不同的。笔者以为：随着社会的发展，随着人们认知水平的提高，传统信仰不可能不被全新的、更加科学的解释体系所代替。但是，在新的解释体系尚未建立之前，我们就立刻消灭这些传统信仰，这对于人类社会传统秩序的维系，对于原生环境的维系，都将有百害而无一利。因此，在保护农业文化遗产的过程中，我们一定要将"俗信"与"迷信"严格区分开来，迷信一定要消灭，一定要铲除，不能让它再继续危害社会。但对于上述那些尽管有些信仰色彩，但对社会发展从总体上来说会利大于弊的俗信，我们应报以更多的理解、尊重与宽容。

五 为什么要保护当地的民间文学、乡土艺术？

在传统农耕社会中，类似于书本上所说的"纯文学""纯艺术"是很难存在的。在现实生活中，这些产生并流传于民间社会的民间文学、表演艺术绝大多数都是以农耕文化之一部分的身份，存在于广大农村社会。且不说那些直接作用于农业生产劳动的插秧锣鼓、薅草锣鼓、四季歌，就是那些专门用于传授农业生产知识与经验的农谚、民间传说故事、个人经历故事，以及那些专门用于表达传统农耕社会信仰活动的雨戏、神戏、还愿戏，那些专门用于劝人勤勉、缅怀历史、强调人与自然和谐共处的"摆手舞""茅古斯""鞭打春牛"等仪式性表演活动，也都与农夫们的农业生产实践具有无法割舍的联系。如果这些传统民间文学艺术已经彻底消失，那么，农业文化遗产也就无法再称为"农业文化遗产"了。故而，民间文学、乡土艺术理应作为农业文化遗产重要组成部分而受到同步保护。因为事实已经证明，这些散于传统乡土社会的文学艺术形式，在传承中华农业文明的过程中，确实发挥过举足轻重的作用。如果只是因为它们身上所具有的某种"迷信"成分而拒绝继承，那么，我们的农业文化遗产不但会因此而变得支离破碎、无法解读，充满人文精神与可持续发展的传统农业文化遗产也会因此而失去其原有功能，并变得索然无味。

六 为什么农业文化遗产要重点保护传统农作物品种？

优秀的农作物品种是人类历经千百年农业生产实践培育出来的农业精华，是农耕文明的重要载体，也是农业文化遗产中的核心技术。一个民族或是一个国家的传统农耕文明能否传承下来，优良品种能否代代相传才是问题的关键。在全球一体化的今天，随着高产农作物品种的普及，农作物品种已呈现出明显的单一化倾向。从好的方面来说，优良品种的普及，客观上确实提高了农作物的单位面积产量，但从另一方面来说，农作物品种的单一化，也潜藏着巨大危机。这危机主要表现在以下三个方面。

（一）农作物品种的单一化，很容易为农作物病虫害的传播创造条件。病虫害对于农作物是有选择的。在相同情况下，大面积种植的同一种作物更容易遭受到来自病虫害的侵害。近几十年来，松毛虫的大面积暴发，即与大面积人工种植连片的松林有关。在自然界，植物生长之所以种类繁多且错落有致，完全是自然选择的结果。如果我们无度地采用某一单一品种而不考虑病虫害的威胁，一旦遭遇灾害，很容易导致大面积的歉收甚至绝收，后果非常严重。

（二）农作物品种的单一化，客观上也会影响到我们对农产品品种及口味的多样化选择。在现实生活中，一些农作物品种或是家畜品种，常常会因为产量或加工工艺的繁复而惨遭人为淘汰。这种例子在历史上并不鲜见。譬如在我国历史上，曾有过一种名为"菰米"（又名雕胡米）的农作物。据说菰米原为野生，后来，有个名叫顾翱的孝子，因母亲喜食菰米，便携子将野生菰米采回，并进行人工种植。用菰米做成的饭俗称"雕胡饭"，芳香甘滑，颇受文人雅士青睐。但由于菰米产量低，成熟期又不一致，再加之脱粒困难、加工工艺过于烦琐，故宋代以后，种植者越来越少，并最终绝迹。如今的人们也只能从古人的诗词中去领略雕胡饭的美味了。试想一下，如果当时我们的先人们能将这种农作物品种继续种植下来，我们的餐桌上也许就会比现在丰富许多。在经济大潮冲击下的今天，人们很容易将那些品质非常不错但产量不高的农作物品种或家畜品种，像宋以后淘汰菰米一样淘汰掉，从而造成许多优良品种的灭绝。而我们的农业文化遗产保护，就是要跳出眼前利益这个小格局，从长远利益出发，为后人保留下更多更好的种源。

七 为什么农业文化遗产地要以保护当地传统农作物品种为己任？

保护生物多样性是近年来自然遗产保护领域经常提及的一个重要话题，它之所以受到各方关注，是因为在近百年中，自然界物种破坏现象十分严重。有专家指出，这种人为破坏的结果，使自然界中的物种正在以 10 倍于物种自然消亡的速度迅速消失。所以，保护农作物品种的多样性，应该成为各农业文化遗产地肩负的历史责任和重要使命。应该说，在这方面，我们有些遗产地做得是相当不错的，大家有意识地保护下了不少的传统农作物品种。但与此同时，我们也同样存在不少问题。如某些遗产地，并没有将保护当地特有品种当成自己应负的历史使命，反而以种植新品种、高产品种为荣，当地的生态环境也由此发生改变。有人也许会问：物种的改变难道真的会对周边生态产生那么大的影响吗？当然是这样。以北京城市绿化为例。在北京市引进国外草坪之前，草丛中的昆虫种类相当丰富。但随着外来草种的引进，北京原有昆虫从种类到数量均出现大幅减少，以致在外来草坪上，我们已经很难发现原有昆虫的身影。如果我们为了多打粮食而随意淘汰原有农作物品种，其结果必然会使生物链中与之相关物种快速消亡，其结果远比盲目引进国外草坪的后果来得更加严重。

为避免类似情况发生，作为保留中国传统农作物品种的农业文化遗产地，就应该挺身而出，为人类有意识地保留下更多的地方品种，以便为日后农作物品种的更新，保留下更多的种源。

需要特别指出的是，我们强调对本土农作物品种的保护，并不是盲目拒绝外来文明，也不是盲目拒绝一切人工杂交技术。一部中国农耕文明发展史告诉我们，外来农业文明，特别是外来农作物品种的引进，对于一国农耕文明的发展是至关重要的。这一点我们不但应该充分肯定，而且还应该持之以恒坚守下去。但作为以保护传统农作物品种为己任的农业文化遗产地，我们的工作是一定要做好对当地传统农作物品种的保护，用自己的实际行动确保国家的粮食安全和农作物品种的多样性。

八 为什么一定要保护当地的传统农业生产设施?

农业文化遗产是需要载体的,而这其中最大的载体,便是农业生产用地以及与农业生产息息相关的传统农业生产设施——沟渠、田坝、寨头林等等。

在我国,许多申报项目能否进入《中国重要农业文化遗产名录》,显然都与这些地方所具有的独特的土地利用系统有关。如江苏省兴化县用挖沟堆土的方式,在沼泽地开垦出了大量垛田;湖南省花垣县子腊村用深塘上铺搭木料的方式,在深深的池塘上开垦出大量稻田;云南省元阳、绿春、红河、金平等县,用山坡垒坝的方式,开垦出成片成片的梯田。这些独特而科学的土地利用方式,为人类获取更多的土地资源,提供了重要参考。除独特的土地利用系统外,与农业用地息息相关的农业生产设施,大到沟渠、护坡,小到风车、水车,也应该成为我们的保护对象。

四、原则篇

一 为什么一定要对农业文化遗产实施就地保护？

农业文化遗产是人类为适应当地自然环境与人文环境创造出来的一套农业生产技术与经验。要想保护好农业文化遗产，就必须对该遗产赖以生存的生态环境实施同步保护。那种将农业文化遗产与其赖以生存的生态环境阻隔起来的做法，那种将一个地方的农业文化遗产转移至另一个地方的做法，都有悖于就地保存原则，不值得提倡。

"就地保护"的另一层含义是，将传承农业文化遗产的权利交给当地农民，因为说到底农民才是农业文化遗产的"真正传承者"，是农业文化遗产的"真正主人"。保护农业文化遗产的真正目的，就是让当地更多的老庄稼把式们，将自己的开荒经验、种田经验、除草经验、灭虫经验、节水经验、灌溉经验以及粮食储存经验等，传授给更多的人。

在农业文化遗产保护过程中，地方政府作为农业文化遗产的"大管家"，在申报、管理过程中，一直发挥着重要作用。没有政府的努力，农业文化遗产保护就是一句空话。但政府千万不能因为具有至高无上的权力而越俎代庖，取代农民的传承权利，毕竟在怎么种地、怎么留种、什么时候上水、什么时候灭虫这些具体农活儿上，农民有着更多的经验。政府的任务不是取代他们，而是通过我们的行政推动，让他们传承得更好，发挥得更好。

二 为什么一定要对农业文化遗产实施整体保护？

农业文化遗产保护中的所谓"整体保护"，大致包括两方面内容：一是对农业文化遗产自身实施整体保护，二是对与农业文化遗产相关的周边环境实施整体保护。

对农业文化遗产自身实施整体保护的意思是：既要对传统农业耕作技术、传统农业生产工具等实施整体保护，同时还要对传统农业生产制度、传统农耕仪式、传统农耕节日实施整体保护，此外，还要想着对当地特有农作物品种以及与农业生产息息相关的农业生产设施等实施整体保护。

对农业文化遗产地的周边环境实施整体保护的意思是：在整体保护好农业文化遗产自身的同时，还应对农业文化遗产地的周边环境实施整体保护。周边环境大致可分为自然环境与人文环境两个部分。这里所说的"自然环境"，主要是指农业文化遗产地周边的山川、河流、湖泊、森林、湿地；这里所说的"人文环境"，主要是指农业文化遗产地周边的庙宇、祭坛、社火及其民间社火组织、薅草锣鼓及其艺人，等等。周边环境是农业文化遗产赖以生存的重要支撑，哪一个环节的缺环，都会影响到农业文化遗产的正常传承。

农业文化遗产地是个地域性很强的整体概念。其范围有时是一个村落、一个乡镇,有时是一个县域,有时甚至是几个县域。我们在理解农业文化遗产这个概念时,更应将它理解成"农业文化遗产地"。对农业文化遗产的保护,说到底就是对该农业文化遗产地上的所有农业文化遗产要素实施整体的、全面的保护。将各种农耕技术割裂开来,或是对其实施碎片化保护,都会影响到农业文化遗产保护的科学性。

最后需要重申一点的是,在对农业文化遗产实施整体性保护的同时,还应充分考虑到对当地农业生活的保护。农业生产与农业生活关系密切,一个小小的农业生活习俗的改变,甚至都会影响到农业文化遗产的活态传承。

三 为什么一定要对农业文化遗产实施活态保护？

农业文化遗产虽然是作为历史的产物并原汁原味保存至今，从而获得了重要的历史认识价值，但它本身并不是僵死的"文物"，而是一直以活态的形式，通过一年一度的农业生产，把传统农耕技术、传统农耕制度，甚至包括传统农业生产工具、传统农作物品种一直保存或沿用至今。人类在历史上创造出来的古老的农耕文明，就是这样以活态的形式传承下来的。它不但可以为后人了解自己的农耕历史开启了一扇重要窗口，同时还为我们保留下了数不胜数的农耕经验以及各种各样的种质资源。所以，在保护农业文化遗产之前，我们应首先建立起活态保护意识，而不是把农业文化遗产像文物一样"雪藏"起来。如果我们把农业文化遗产比作一条"鱼"，那么，我们的任务不是把这条"鱼"做成标本用于展示，而是要放水养鱼，不但要让农业文化遗产这条"鱼"活着，而且还要让它长大，让它生儿育女、繁育后代。将农业文化遗产如实记录下来，或是在不影响其活态传承的前提下，将其中的某一部分放进博物馆，当然可以作为保护农业文化遗产的方法之一，但绝不能将这种博物馆式的保护当成保护农业文化遗产的最重要的方法，甚至是唯一方法。因为农业文化遗产的最大特点是它的活态性，出于好心将它"雪藏"起来，其后果必然是将"活遗产"变成"死遗产"，问题相当严重。

四　为什么一定要对农业文化遗产实施最少干预原则？

所谓"最少干预原则",就是在不影响活态传承的情况下,尽量减少对农业文化遗产的干预,而使其保持原有面貌。

农业文化遗产尽管是现实生活的一部分,但就其本质而言,农业文化遗产是"文物"。譬如,农业文化遗产中的梯田也好,垛田也好,坎儿井也好,无论哪一个,都不是当代创造的,而是几百年前由我们的先人创造的,从这个角度来说,它们都是"文物",也都是"遗产"。同样,稻田养鱼、稻田养鸭、桑基鱼塘、淤泥坝拦截技术,没有哪一个是当代创造的,而是几百年甚至上千年前由我们的先人们创造并传承下来的。从这个角度来说,它们也是"遗产"。再比如子腊贡米、万年贡米、红河紫米、无锡蜜桃、敖汉小米,同样没有一个是当代选育出来的,都是几百年乃至上千年前,由我们的先人们培育出来的,从这个角度来说,它们同样是"遗产"。既然是"遗产",是祖先在历史上创造出来的中国农耕文明的经典之作,我们就应尊敬它、礼敬它、传承它、保护它,而不是呼来唤去,对它进行为所欲为的改造。因为只有原汁原味的传承,才能确保它作为"遗产"的真实性。如果把大田种植改成了大棚养殖,把锄头、镰刀改成了播种机、收割机,把传统农作物品种改成了转基因、杂交稻,那还是农业文化遗产吗?还具有起码的历史认识价值吗?都没有了。农业文化遗产是"文物",文物不能改,农业文化遗产当然也不能改。只要不改,便有价值。

மு、理念篇

一 为什么保护农业文化遗产一定要秉持"大遗产"概念?

农业文化遗产可分为大小两个概念。从以往经验看,秉持大遗产概念,似乎更容易使我们从整体上把握农业文化遗产产生、传承以及发展的一般规律,更容易使我们认清农业文化遗产所应包括的更加广泛的文化内涵,也更容易为农业文化遗产的全面振兴,找到更多的方法与思路。

那么,什么是广义的农业文化遗产呢?所谓广义农业文化遗产,除特指与农业生产有着直接关系的各种知识与技能,如传统农业生产技术、传统农作物品种、传统农业生产工具、传统农业生产制度外,还包括与农业生产息息相关的传统民间文学、表演艺术、传统工艺技术、传统工艺美术、传统节日以及传统仪式等等。但从整体开发的角度看,现有范围虽然有所扩展,但仍有许多内容无法涉猎,在一定程度上限制了我们开发农业文化遗产的力度。

我们所说的广义的农业文化遗产,除指上述内容外,还应包括传统农业生活知识与技能。这对于我们提升农业文化遗产保护力度大有好处。例如,随着农村人口的迅速扩张和农业生产用地的大面积减少,农村过剩人口已经成为各地政府必须面对的问题。以往，我们一直认为中国最主要的社会问题是工人下岗的问题。其实，这只是问题的表面。中国社会最主要的问题不是工人下岗的问题，而是因人均土地面积不足而导致的农民"下岗"的问题。是他们下岗无助，只能进入城市，最终造成城市人口的就业困难。所以，要想解决城市人口的下岗问题，就必须从解决农民下岗问题入手。那么，用什么办法才能拴住农民，让他们即使身不离乡，也能很好地解决他们的生计问题呢？从现有思路看，要想解决这个问题的难度很大。其实，要想让农村人口不下岗，一个最简单、最便捷、最有效的办法，就是让他们努力发掘出自身优势，利用当地的农业遗产、建筑遗产、自然遗产、非物质文化遗产，甚至出土特产，最终实现农村经济的可持续发展。这种利用本土资源振兴地方产业的做法，不但投资少、见效快，而且还可以做到人不离乡，就可实现经济上的高速增长。以广西龙胜县龙脊梯田为例。历史上，这里是个经济落后、交通闭塞的大山区，除传统稻作生产外，几乎没什么其他产业。近十多年来，在专家深入调研和县委县政府充分论证的基础上，通过大力开发，使这里的观光农业得以迅速发展。原来这里的农民只能靠种田吃饭，而现在除种田可获得一份收入外，他们还可以通过旅游获得另一份收入。原来随处可见的梯田、壮锦、苗绣、民俗，一夜间成了他们的摇钱树、聚宝盆。由此不难看出，在保护农业文化遗产的过程中，秉持"大遗产"概念，就会让我们发现更多的资源，获得更大的发展。

二 为什么保护农业文化遗产要彻底澄清传统农耕文化落后观？

要想实现对传统农耕文化的精心保护，澄清传统农耕文化落后观是十分必要的。在现代技术已经相当发达的今天，人们很容易忽视历史上产生的农耕文明，甚至给它扣上一顶"落后文化"的帽子。传统农耕文化真的是"落后文化"吗？答案自然是否定的。在没有电气化、机械化的过去，我们的祖先们利用当地资源，巧妙地创造出的诸如梯田、垛田、淤泥坝等土地开发技术难道不是先进文化吗？我们祖先巧借自然伟力创造出的以风车、水车、水碓为代表的传统农耕技术难道不是先进文化吗？我们祖先历经千百年培育出来的诸如万年贡稻、玉田胭脂米、五常大米这样的农作物品种，以及以泰和乌鸡、北京油鸡、三河牛、伊犁马为代表的传统家畜良种难道不是先进文化吗？所以我们说，我们要保护的农业文化遗产，它所代表的不是落后，而是中国乃至世界传统农业发展的前进方向。面对这样一笔遗产，难道我们不应该继承吗？

当然，我们并不否认，随着时代的发展，我们在历史上创造山的很多传统农耕技术，在具体的制作手段上，可能已经落伍，但这并不影响我们对它们所蕴含的巧借自然伟力之思路，和与大自然和谐共处的想法，以及可持续发展之理念的继承。

值得庆幸的是，在一些所谓"落后地区"，由于当地农民买不起化肥、农药、除草剂，只能通过稻田养鱼、稻田养鸭这样一些传统农耕技术弥补化肥、农药、除草剂之不足，从而成功地躲过了"现代化"一劫，反倒成就了令人仰慕的绿色农业。从长远观点看问题，真正能代表21世纪中国现代农业前进方向的，不是以化肥、农药、除草剂为标志的所谓"现代化农业"，而是以尊重自然、与自然和谐共处的、具有可持续发展眼光的、至少在许多方面都继承了传统农业文化遗产科学发展理念的现代化农业。我们保护农业文化遗产的最终目的，不是让所有的农业都回归传统，而是让更多的人能够从传统农业中发现更多的智慧、汲取更多的营养，从而使21世纪新农业走得更快、更稳、更好。

三 为什么说优秀的农业文化遗产可以作为一张地方名片去打造?

在我国,有许多农业文化遗产都是非常优秀的。由于它们本身就是当地最具标志性的地域标志性文化,完全可以作为一张含金量极高的地方名片去打造。不去好好利用这一资源,实在可惜。

那么,什么是地域标志性文化呢?所谓地域标志性文化,是指在当地具有标志性意义的、足以代表当地文化性格与文化特色的标志性文化事项。地域标志性文化一旦确立,就会影响到这个地域的文化性格以及这个地域文化的未来走向。地域标志性文化可以是物质文化遗产,如北京的故宫、苏州的拙政园,就是北京、苏州的地域标志性文化。地域标志性文化也可以是非物质文化遗产,如北京的京剧、天津的泥人张就是北京和天津的地域标志性文化。同样,地域标志性文化也可以是农业文化遗产,如也云南的红河梯田、江苏兴化的垛田,就是红河、兴化的地域标志性文化。这些地域标志性文化一旦形成,不仅会影响到这些地域的文化性格、文化建设,还会影响到此后的文化走向。总之,只要当地人认同,认为该事物可以代表他们一方文化,就可以成为当地的地域标志性文化。

  需要指出的是，中国重要农业文化遗产地，一般都地处偏远，少有如故宫、长城、天坛一类的大型遗址类遗存，这是它的短板，是我们需要回避的地方。但凡事有得必有失、有失必有得。作为农业文化遗产地，我们又有怎样的长处呢？我们有环绕群山的万亩梯田，一望无际的开满油菜花的万亩垛田，有穿行戈壁而不会有丝毫蒸发滴漏的坎儿井，有同样都是饲养但唯我药性十足的泰和乌鸡。人类的农耕智慧巧妙而集中地汇集在了这里。让农业文化遗产成为这里的一张"王牌"，难道有什么过分之处吗？历史将会告诉未来，农业文化遗产这张牌只要打得好、用得好，不但可以提高一个地方的地域知名度、美誉度，提高当地人的自信心、自豪感，同时还可以为当地经济的快速发展和当地社会的快速腾飞，提供不竭的动力。

四 为什么保护农业文化遗产需要加强社会分工意识?

要想对农业文化遗产实施活态保护,准确的职能定位非常重要。这其中,作为农业文化遗产保护主体的各级政府,他们的工作就是从政策、制度和资金等层面,为农业文化遗产的有序传承,创造出一个良好的政策环境、制度环境。如果将活态传承中的农业文化遗产比作池中之"鱼",那么,各级政府的工作就是为"鱼儿们"营造出一个更适合于它们生长的客观环境,而不是随心所欲地改变它们的原生环境。作为农业文化遗产传承主体的庄稼把式们,他们的工作就是尽其所能,把自己所知道的一切农耕智慧与农耕经验,尽可能原汁原味地继承下来并传承下去。

在农业文化遗产保护过程中,学者发挥着极为特殊的作用。既不是农业文化遗产的保护工作者,也不是农业文化遗产的当然传承者,学者的任务又是什么呢?很简单,他们的任务就是将种田人所传的这些农耕经验、农耕智慧如实地记录下来,并从一个更高的理论高度将其中的规律梳理出来。如有可能,地方政府还应与学界一道,对当地的农业文化遗产资源,进行一次比较深入且全面的普查,从而对自身的"家底"做到心中有数。

五 为什么对农业文化遗产要抱以更加宽容的态度？

农业文化遗产就像一条流动的河,从远古流淌到今天,在它们身上难免会残存有或多或少的往昔的痕迹。且不说神农庙会以及祀龙祈雨等大型仪式类遗产无法摆脱"迷信"的干系,就是那些从古至今一直沿用下来的、与农业生产息息相关的彝族火把节、壮族三月三、汉族鞭打春牛等传统节日遗产,也无一不是从古老的宗教仪式甚至"迷信"的基础上发展起来的。

那么,对于这样一些历史上疑点重重的文化遗产,我们究竟应该秉持怎样一种态度呢?笔者认为,既然我们承认文化遗产是历史的产物,我们就应该像正视历史一样正视我们的遗产。我的老师钟敬文先生曾经说过这样一句话:"要想正确认识历史,就必须具备两种眼光:首先是历史的眼光。所谓历史的眼光,就是必须将历史上发生过的一切都还原为历史,并在特定历史环境中去考察它们存在的意义与价值,任何脱离生成环境去谈历史的做法都是不科学的;其次,必须具备时代的眼光。所谓时代眼光,就是要站在时代的高度,用全新的眼光去重新审视、分析、评价我们的历史。"在今天的某些人看来,历史上传承下来的许多原始信仰都是骗人的迷信。但是,倘若我们将其还原为历史,就会发现这些传统信仰的丰富内涵远不是"迷信"二字所能代替的。历史上,如果没有这些神灵信仰与宗教禁忌的维系,整个社会就不可能获得正常运转。一个对原始信仰稍微有点儿研究的人都知道,神是人根据自己的需要创造出来的。当人类无法说服同类以维系社会秩序,或是无法战胜自然以维系人与自然和谐关系时,便会搬出神灵,用它来调剂人与人之间的关系,以及人与自然之间的关系。譬如抬出祖先神伏羲、女娲,就可以抑制氏族内部的争斗;抬出山神,就可以制止一部分人的乱砍盗伐。可以说,人类造神的最初目的,就是让它为人类服务。农业信仰与农业生产息息相关,它的存在,确保了一方水土不致流失,也确保了一方水土不受污染。如果我们一定要清除这些"迷信",那么,真正需要继承的农耕经验就会变得寥寥无几,特别是在那些文化相对传统的地区尤为如此。

那么,是不是说保护文化遗产就是保护"迷信"呢?当然不是。在保护农业文化遗产这个问题上,我们必须将"俗信"与"迷信"、"风俗"与"陋俗"严格区分开来。我们应该抱有一种更加宽容的态度,去善待那些略带瑕疵的遗产,因为正是它们以其独到的方式,为我们保留下了大量的物质文明与精神文明。如果我们一定要揪住"迷信"的小辫子,将它们一棒子打死,那么,这些古老仪式所富含的文化遗产就会变得支离破碎,甚至消失得无影无踪。所以,我们在对这些古老文化事项进行"保"与"弃"的价值判断时,必须权衡利弊。任何事物都是利弊共存的,关键要看是利大还是弊大。只要利大于弊,就不要因为一些小的瑕疵而影响到我们对这些文化遗产的整体保护与传承。必须特别说明的是,在文化遗产保护过程中,肯定会有人打着保护文化遗产的名义,到处坑蒙拐骗,甚至谋财害命,对于这些反人类行为,我们一定要严惩不贷,绝不留情。

六、关系篇

一 为什么一定要处理好"物质文化遗产"与"非物质文化遗产"的关系？

农业文化遗产是由物质文化遗产和非物质文化遗产共同构成的综合性遗产。这其中，农业用地、传统农作物品种、农业生产工具等属于物质文化遗产，而春耕、夏耘、秋收、冬藏等传统农耕技术则属于非物质文化遗产。要保护好农业文化遗产，只保护传统农业用地、优良谷种以及传统农业生产工具等物质文化遗产，显然远远不够，在保护好这些物质文化遗产的同时，还要保护好与之相关的非物质文化遗产，如古老的梯田建造技术、传统的育种技术、病虫害防治技术以及粮食储藏技术等等。

为什么必须要同步保护？道理很简单，没有梯田、没有谷种、没有农具，我们就没办法种地；但反过来说，如果没有梯田营造技术、谷种选育技术、农具制作技术，我们就不知道怎么开田、怎么培育新品种、怎么打制或使用农具，农业文化遗产又如何实现活态传承？所以，保护农业文化遗产不但要两手抓，而且两手都要"硬"，任何一种偏颇，都会对农业文化遗产保护带来不好的影响。

二 为什么一定要处理好"政府"与"种田人"的关系？

作为世界上最大的农业生产大国，农业文化遗产是中华民族一笔最为重要的精神财富。每个中国人都有权利、有义务保护好这笔遗产。特别是作为农业文化遗产所在地的各级政府，当然具有着更多的责任和义务。没有各级政府的参与，农业文化遗产保护就是一句空谈。但从另一方面看，农业文化遗产毕竟是由当地种田人创造并传承下来的。梯田是他们造的，水渠是他们挖的，良种是他们选的，农业生产知识与技术是他们传的。仅从这一点来说，他们才是农业文化遗产的真正主人。没有他们的传承，农业文化遗产根本传不下来。

那么，在农业文化遗产保护过程中，各级政府与种田人到底是怎样一对关系呢？从多年来的农业遗产保护实践看，种田人是农业生产技术的传承者，是这一遗产的真正主人。而主导农业文化遗产申报、监管与保护工作的各级政府，从角色分配看，更像是这一遗产的"大管家"。政府的工作，不是直接参与农耕经验的活态传承，而是努力做好农业文化遗产保护过程中的组织、申报、管理、监督、扶持、服务工作。

反之，任何一种对传承的介入，哪怕是好心的介入，如为增产增收而鼓励种田人栽种杂交稻、使用新型化肥农药，改变庙会传统用途，将庙会改造成政府组织的艺术节等等，都有可能导致对农业文化遗产原有生态的破坏。

三 为什么一定要处理好"长期利益"与"短期利益"的关系？

农业文化遗产是祖先们留给我们的一笔宝贵的精神财富。保护好这笔财富，不仅可以使我们更加直观地了解我们中华民族灿烂的农耕文明及其历史，同时，还可为创造当代新农业提供更多更好的参考与资源。因此，从长远角度看，保护农业文化遗产功在当代、利在千秋。但是，如果从短期利益角度看，坚持种植传统农作物品种，坚持采用传统的"笨办法"来生产传统农作物品种，势必会因产量的低迷而直接影响到种田人的经济收益和他们坚守传统种植方式的积极性。作为农业文化遗产保护的积极倡导者，我们当然会通过以遗产带动旅游，或是通过向社会提供高端农产品等方式，增加种田人收入，进而调动起种田人保护农业文化遗产的积极性。但作为最大受益者的国家，当然也有责任、有义务在项目启动之初，予以必要的经济扶持。如通过资金的扶持，鼓励当地人种植传统品种，鼓励当地人使用无公害的传统技术，为保护本国农业的长远利益，做出自己的贡献。从十多年来的农业文化遗产保护实践看，农业文化遗产地种田人的困难主要出现在获批后的三年左右的时间里。这是因为：

（一）由于改种了尽管口味不错但产量明显偏低的传统农作物品种，在宣传尚不到位的情况下，产量的降低，肯定会影响到种田人收益；

（二）由于放弃了农药、化肥、除草剂而改用传统灭虫、施肥、除草等传统农耕技术，这在无意中肯定会增加成本，在宣传尚不到位的情况下，肯定会影响到种田人的经济收益；

（三）一般的农业文化遗产地都会因独具特色的景观和较高的知名度而走上旅游之路，但基础设施的建设、知名度的提升均需要一定的时间，在宣传尚不到位的这段时间里，肯定会影响到种田人的经济收入。

总之，由于上述三大原因，我们建议地方政府至少在申报成功后的三年时间里，尽可能能对因为改种传统农作物品种、改用传统农耕技术，或是旅游设施尚在建设之中的农业文化遗产地，给予一定程度上的资金扶持，推进农业文种遗产地的快速转型。

四 为什么一定要处理好"人"与"物"的关系？

农业文化遗产无论从物质层面看，还是从非物质层面看，都可视之为一种"独立的存在"。如梯田是一种"独立的存在"，稻谷品种是一种"独立的存在"，某种劳动技术与生产技术，如优良品种的选育技术、育秧技术、防治病虫害技术、增加地力的施肥技术等等，也都是一种"独立的存在"。但是，要想保护好这一项项农业生产技术并不容易，有时甚至还会因不得要领而令保护者手足无措。但是如果换一种思路，问题很可能就会迎刃而解——想想看，既然农业文化遗产是由人传承的，我们何不通过种田人的保护，让他们来传承农业文化遗产呢？事实已经证明，只要保护好农业文化遗产的传承人——种田人，特别是其中经验丰富的老庄稼把式，农业文化遗产就能获得持续而有效的传承。反之，如果只见"物"，不见"人"，农业文化遗产就不可能作为一种活态遗产一代又一代地继承下来并传承下去。让种田人从农业文化遗产的继承中得到好处，让他们愿意留下来，并愿意将手中的种地绝活儿传给更多的年轻人，才是农业文化遗产活态传承的关键。我们各级政府的工作，就是制定出科学而有效的扶持政策，调动起种田人使用传统技术、种植传统优良品种的积极性，进而推动当地农业文化遗产的有序传承。

五 为什么一定要处理好"保护"与"开发"的关系?

谈到农业文化遗产,人们必谈及开发,特别是旅游开发。这种思维模式的生产有其客观的必然:首先,这种思维模式的生产多与遗产地风景如画适合旅游开发的客观现实有关;其次,这种思维模式的生产与人们都想利用遗产地这块金字招牌进而获得更多的经济回报有关;其三,这种思维模式的产生还与遗产地强调传统农作物品种种植,强调用传统"笨办法"进行种植,而这种经营模式在短期内又很难获得较高经济回报有关。为激发起当地种田人保护农业文化遗产的积极性,绝大多数农业遗产保护工作者,都会想方设法通过遗产地的旅游开发,让当地人获得更多的经济回报,进而激发起当地人保护农业文化遗产的积极性。

但有个道理大家必须明白:中国重要农业文化遗产地的真正"看点"是当地的农业文化遗产。只有把这个"看点"保护好,才会带来对农业文化遗产非常感兴趣的有效客流。如果连这个"看点"都保护不好,连当地的农民智慧都说不出来,还有谁会千里迢迢地到这里来旅游呢?所以,作为农业文化遗产地,我们的宣传重点、保护重点不应该落在旅游开发，而应落在农业文化遗产保护上来。如首先我们要保护好农业文化遗产地的传统农作物品种、传统农耕技术，保护好农业文化遗产地的传统农耕制度、习惯法、乡规民约，保护好遗产地的传统农耕仪式以及由此而形成的传统节日。这些农业文化遗产保护好了，遗产地旅游自然也就有了"看点"和"卖点"，旅游开发也就会因遗产地农业文化遗产的出色与别致而水到渠成。

# 七、申报篇

一 《申报书》的填写都需要哪些方面的知识?

要想申报中国重要农业文化遗产,就必须填写《申报书》。申报书的填写是有一定的技术含量的,这里面会涉及农学、农业文化遗产学、历史学、生态学、民俗学、地方史等多方面知识,填写起来确有一定难度。

作为一般经验,我们建议写作团队至少要有农学、农业文化遗产学以及民俗学等几方面专家组成。如果研究领域过于单一,不利于农业文化遗产及农业文化遗产地历史文化的挖掘。同时,我们还建议当地农业农村局也应派人全程参与,以便更深入地了解当地农业文化遗产的价值、特征、分布规律,以及遗产与遗产地之间的各种关系。这种参与会给申报成功之后的遗产管理带来诸多方便。

农业文化遗产的申报,肯定是在深入调查的基础上进行的。这种田野调查通常会持续半年左右。一个申报文本的写作,没有多次的长时段的调查是不可能完成的。

为确保每次调查均能有所斩获,调查之前,首先应对申报项目及其所属环境进行文献方面的梳理工作,比对申报书要求,看看在该项目的研究上,已经取得了哪些成果?这些成果对于申报书的填写会带来哪些帮助?这些成果还存在哪些问题？还有哪些结论有待商榷？还有哪些方面需要进一步涉猎？如果这些文献方面的成果都已搜集到位，恭喜你，接下来我们就可以进行深入细致的田野调查了。

二 为什么说拉网式普查是申报工作的第一步？

要想申报农业文化遗产，我们需要做的第一件事，就是对遗产地农业文化遗产资源进行初步的摸底调查。只有这样，我们才能知道自己的家底是什么，当地农业文化遗产资源是什么，然后，才能从中选出最优秀的农业文化遗产，并把它申报上去。

对农业文化遗产的调查首先应该从"面"上的普查做起。这项工作应以区县为单位，以当地著名的传统农耕技术、农作物品种等为线索，对当地著名的农业文明进行撒网式普查。普查的重点包括：

（一）当地有什么著名的、妇孺皆知的、规模宏大的、迄今还在使用的农业工程？如有没有类似坎儿井、都江堰、龙脊梯田、兴化垛田一类的农业工程？

（二）当地有没有独特的农业生产技术与经验？如有没有类似在酷热的戈壁滩上种植打瓜的技术和经验？有没有类似在无法种植农作物的沼泽地里开出垛田，并在上面种植蔬菜的技术和经验？有没有利用每年的洪水，在黄土高原的坡下拦截流失土壤，进而营造出淤泥坝这样的造田技术和经验？

（三）当地有没有著名的农作物品种？如有没有类似美姑

苦荞、中宁枸杞、苦水玫瑰、迁西板栗、无锡阳山水蜜桃、德清淡水珍珠、铜陵白姜、黄山太平猴魁、福鼎白茶、泰和乌鸡一类的传统农作物品种或家畜品种？

（四）当地有没有和传统农业相关的传统农业生产制度？如红河梯田使用的木刻分水制度一类的传统农业生产管理制度？

（五）当地有没有影响广泛，并和农业文化遗产有关的庙会、社火活动，有没有像福建联合梯田伏虎禅师庙会、红河梯田"昂玛突"一类的大型民俗活动？

（六）当地有没有已经成为地域标志性文化的民间文学，或是与传统农业生产活动有关的传统表演艺术，有没有与农业生产息息相关的唱春、四季歌或是薅草锣鼓歌？

如果有，便可在这些线索的基础上，再考察一下其他方面是否也具有农业文化遗产的特征？

正如前面我们所说的那样，农业文化遗产是一个综合性整体，只具有其中的某一项，是不能申报农业文化遗产的，如果上述条件都已具备，或是其中的绝大多数条件都已具备，便可考虑申报农业文化遗产了。

三 如何做好《申报书》填写工作的专项调查？

拉网式普查工作结束后，接下来的，便是对选中项目所进行的专项调查。如果说拉网式普查更多的是由地方政府来完成，那么，为《申报书》撰写所进行的专项调查，基本上是由被委托方的学者们完成的。与拉网式普查不同，专项调查的一个突出特点，便是抓住重点人物——当地经验最为丰富的老庄稼把式，并对他们所传授的传统种田知识、技巧、经验与方法所进行的系统调查。

为什么在专项调查中，要特别重视对重点人物所做的重点调查呢？道理很简单，和其他普通的生产实践相同，农业生产的一个重要特征，就是它的普及性，只要是农民，大家都会开荒、种地、浇水、施肥、除虫、秋收、冬藏。但这并不等于说每位农民所掌握的农业生产知识都是等量的。在这个群体中，总有那么几位老庄稼把式，在传承中华农耕文明的过程中，发挥着特别的作用。所以，作为专项调查的第一步，就是百里挑一，确定人选。只有调查对象选择无误，才会为我们的调查，争取更多的时间，获得更多的成果。

四 为什么说申报项目在质量上必须代表中国传统农业的最高水平?

我们在解读"农业文化遗产"这个概念时,千万不能认为只要是用传统的"笨办法"来种植"老品种"就是农业文化遗产。如果这样理解,那便是大错而特错了。

那么,什么才是农业文化遗产呢?我们所说的农业文化遗产是指人类在历史上创造,并以活态形式原汁原味传承至今的、能够代表中国历史上最高水平的传统农业文化事项。那些不能代表中国历史上最高农业智慧、最高技术水平者,是不能申报中国重要农业文化遗产的。

作为申报项目,其先进性至少要体现在以下几个方面。

(一)申报项目在传统农作物品种上,可以代表中国或某一地域传统农作物品种的最高水平。如章丘大葱、花垣子腊贡米、琼中山兰稻、石柱黄连、蓝田大杏、天津津南小站稻、江苏吴中碧螺春、黄岩蜜橘、安化黑茶、增城荔枝、东莞荔枝、临潼石榴可以视为我国传统农作物品种中的优秀代表,泰和乌鸡、盐池滩羊、大足黑山羊可以视为中国传统家畜良种中的优秀代表。以这些优秀品种做基础,申报中国重要农业文化遗产,当然获批的概率会更大些。

（二）申报项目所传传统农耕技术可以代表中国传统农耕技术的最高水平。譬如，江苏省兴化县的垛田营造技艺可以代表中国沼泽地改良技术的最高水平，陕西淤泥坝可以代表中国黄土高原解决水土流失技术的最高水平。以此为噱头，当然更容易申报中国重要农业文化遗产。

（三）申报项目所用农业生产工具可以代表中国传统农业生产工具制造与使用的最高水平。当然，我们这里所说的"农业生产工具"，不是指简单的锹与镐，而是指那些科技含量更高、工作效率更高的劳动生产工具，如翻车、水排、风车、水碓等，甚至是规模更大的如安丰塘这样的传统农业水利设施。如果有这样先进的农业生产设施仍在使用，申报农业文化遗产项目自然也就会变得更加容易。

五 如何填写《申报书》中遗产项目的 "主要特征与价值"?

作为《申报书》的填写者,我们在填写该栏目时,一定要弄清上级主管部门设计这个栏目的目的是什么?——他们到底要通过这个栏目获取哪些有用信息?我的理解是,他们想通过该栏目弄明白这个项目到底有没有自己的特点和价值。如果从该栏目看不出该项目有什么自己的特点和独特的价值,那么,对不起,从这个时候开始,你已经被打入另册了。

那么,应该怎样回答这个问题呢?我想,你至少要从以下几方面回答这个问题。

(一)该项目具有悠久的历史。你需要用大量的材料,包括文献资料、考古发现、古老的农业遗存(如古树、古园林),抑或是古老的传说故事(这个传说故事的记录不应晚于19世纪80年代),来佐证这段历史的存在。如果时间不足百年,是不能申报农业文化遗产的。

(二)该项目在历史上就已经有很高的知名度了。要想证明这一点,同样需要大量证据。这证据可以是文献资料、考古发现,也可以是民间传说故事(这个传说的记录同样不应晚于20世纪80年代),或是已经获得的来自某一层级的标志性认证。

（三）该项目保留有大量既古老又优异的种质资源。需要用数据告诉评委该项目保留了多少优质的传统农作物品种？在保护物种多样性方面做出了怎样的贡献？

（四）该项目保存有多少科学而完整的，甚至是具有独特特点的传统农业生产技术？

（五）迄今为止，该项目是否仍保留有一套完整的文化生态系统和民俗事项做支撑？

如果上述条件均已具备、均能达标，恭喜你，你可以考虑申报中国重要农业文化遗产了。

六 如何填写《申报书》中的"遗产地概况"?

上级主管部门让申报者填写"遗产地概况"的目的,无非是想从生态学的角度,考察一下申报项目与周边生态环境是否已经达到了高度融合。对遗产地的介绍,需重点回答以下三方面问题。

(一)该遗产地所属的地理位置以及该遗产地的历史沿革。

(二)该遗产地所处的自然环境。无论是农作物生长,还是家畜养殖,都需要特定的自然环境。上级主管部门设计这个栏目的目的,就是看你所描写的这个自然环境是否适合该项目的生存。要想回答好这个问题,土壤学、气候学以及生态学等方面的知识是必不可少的。举例来说,如果你申报的项目是萝卜,那么,它所处的自然环境昼夜温差是否足够的大?光照是否足够的充足?雨量是否足够的丰沛?土壤方面是否是富含磷钾的有机沙质土壤?如果是,那么,至少在生态环境方面是合适的,否则是不合适的。再譬如你申报的是茶叶种植技术,那么,在气候上,这里的生态环境是否足够的温和?雨量是否足够的充沛?是否在湿度较大、光照适中、常年起雾的海拔在 800—1000 米的山地?如果是,且地面又多为花岗岩石分化的砂质土或页岩分化的紫色土,那么,获批的可能性就会大得多。因为在这样的生态环境中,茶叶的质量多半没有问题。

提示:在这个栏目中,申报者需重点回答的问题是,你的自然环境究竟会给你的申报项目带来怎样的加分。

当然,上级主管部门设计这个栏目的目的,是希望我们通过遗产项目的申报,为人类找出农业生产与自然生态高度契合的一面,以指导今后的农业文化遗产保护实践,但这并不等于说,只有好的自然生态才能入选。事实上,不好的自然生态环境同样也有入选的机会。如中国西部戈壁滩上的农民,通过一系列简单而实用的方法,可以在寸草不生的戈壁环境中,种植出打瓜。这说明他们具备有别人所不具有的独特的本土智慧。鼓励这类项目的目的,就是鼓励广大民间社会对于本土知识与智慧的深入挖掘,为人类开发出更多的可资利用的土地资源做出我们的努力。

(三)该遗产所处的人文环境。农业文化遗产不仅需要适合的自然环境,同样也需要适合的人文环境。没有适合的人文环境做支撑,许多特定农业很难发展起来。如在北京市级农业文化遗产项目中,果木类遗产项目占比竟高达75%。为什么果木类遗产在北京市农业文化遗产中会有如此之高的占比呢?研究的结果告诉我们,这很可能与北京特定的人文环境有关。历史上,北京曾是燕、辽、金、元、明、清这六个朝代的都城,自燕算起已有2000多年的历史。在这漫长的

2000多年中，为满足这些朝代帝王嫔妃、皇亲国戚们的口腹之欲，就要花费大量人力、物力、财力为他们搜刮天下的珍馐美味。可长期储存的粮食可以长途贩运运抵京城，但许多时令水果因无法长途贩运，只能由本土栽培。就这样，历经2000多年的发展，终于培育出了几十个适合北京本土栽培的优良品种。我们可以试想一下，如果没有六朝古都这样一个人文背景，在北京市农业文化遗产项目中，怎么可能会有那么多的果木类农业文化遗产项目呢？可见，从人文环境中找出申报项目产生的必然性，也是同等的重要。

七 如何填写《申报书》中的"起源与演变历史"?

设计该栏目的目的,是想让申报者明晰地回答出该项目产生的时间以及在历史长河中该项目发生的各种流变。

让我们回答起源时间,目的是想由此判断该遗产项目与同类项目在时间上哪个更早,哪个更具原产地方面的优势。这对于判断一个农作物品种的最早源头,显然具有重要的参考价值。如内蒙古敖汉旗小米入选中国重要农业文化遗产,江西万年贡稻入选中国重要农业文化遗产,显然都与上述地区历史上曾是中国小米、水稻的重要发源地有关。

对于该项目历史源流的填写,要重点回答这些遗产及遗产地的演化过程,并从中分析该遗产从品种到技术是否具有长期的稳定性。如果在这个过程中,当地居民发生变化、当地行政主管权发生变化,就很可能会影响到该遗产所传品种以及相关技术的变化。如某遗产地居民或主管机构历史上发生过重大变化,很可能就意味着当地农作物品种及其相关种植技术、管理制度等都随之发生过变化。如果是这样,那么,该遗产项目所传"优良品种"的原真度、农耕技术上的原真度、管理制度上的原真度都将遭到质疑。

注意：有关项目历史的研究，要以科学的论证为前提。其证据可以是历史文献、当地人的传说、考古成果，也可以是古树、古园林以及古庙等历史遗存。

八　如何填写《申报书》中的"农业特征"？

在回答这个问题之前，首先要弄清什么是"农业特征"？它主要包括哪些方面的内容？所谓"农业特征"，主要是指该申报项目的主要特点。如农作物品种上的特点、种植技术上的特点、农业用地上的特点、农业生产设施以及农业生产工具上的特点、农业生产制度上的特点以及与农业息息相关的各种传统文化事项上的特点等等。

如果想告诉评委，我们的申报项目是非常优秀、非常有特点的，那么，在回答"农业特征"时，就需要重点回答以下问题。

（一）明确告知该项目为我们保留下了哪些优秀而独特的传统农作物品种？保留了多少传统农作物品种？

（二）明确告知该项目为我们保留下了哪些优秀的传统农业生产知识、技术与经验？

（三）明确告知该项目为我们保留下了哪些含有相当科技含量与智慧的农业用地、农业生产设施以及传统农业生产工具？

（四）明确告知该项目为我们保留下了哪些非常管用的传统农业生产制度？

（五）明确告知该项目为我们保留下了哪些与农业生产活动息息相关的民间文学、传统表演艺术？这些文学艺术在传统农业生产中到底发挥了怎样的作用？

（六）明确告知该项目为我们保留下了哪些与农业生产息息相关的传统节日和传统仪式？这些传统节日仪式在农业生产中到底发挥了怎样的作用？

如果都有且都发挥了很重要的作用，那么，恭喜了，这个项目离申报成功又近了一步。

九 如何填写《申报书》中的"生态特征"?

（一）该项目是怎样巧妙地利用了周边的生态环境（土壤、气候、海拔、经纬度等），甚至是在我们看来非常不好的生态环境的？该项目反映了怎样的农业智慧？譬如，在全球重要农业文化遗产中，智利南部智鲁岛屿农业系统中的马铃薯种植环境并不好，但当地人利用枯草覆盖等方式，减小了昼夜温差，保持了地温稳定，加大了雨水下渗，增强了土壤透水性，保证了土壤水分，同时增加了土壤有机质。最后，通过趋利避害，不但使这里成为了马铃薯的起源地，同时还使这里成为了优秀马铃薯品种的输出地。

（二）该项目与当地其他农作物种植建立了哪些共生关系？这些共生关系是如何推动当地农业可持续发展的？如许多地方的轮种、套种技术，成功地解决了土地肥力的有效利用问题、病虫害的防治问题，有力地促进了当地农业的可持续发展。

（三）该项目与当地养殖业建立了哪些共生关系？这些共生关系是如何促进当地农业的可持续发展的？如浙江湖州的桑基鱼塘、青田的稻田养鱼，使种植业与养殖业形成明显的共生关系，从而促进了当地经济的可持续发展。

总之，如何巧妙地利用自然，是该栏目必须回答的问题。

十 如何填写《申报书》的"景观特征"?

农业产生肯定不是为制造景观而生,但在客观上,一个好的农业文化遗产地很可能会因为科学的治理而形成优美的景观带。而且,作为一种独特的景观资源,也可为遗产地的经济增长,增添更多的动能。在该栏目中,要重点回答该遗产地的景观特点,并指出该景观特征与该遗产的内在的逻辑联系。如红河梯田蜿蜒曲折的田埂与梯田等高线的关系,普洱台地茶园中种植的樟树与驱虫的关系,垛田长条形形状、整齐划一的高度与垛田建设时所能达到的扬泥高度以及洪水所能达到的高度的关系,沙田柚45°角的种植方式与柚果管理与柚果采摘间的关系,冬季里红河梯田一片赤红的壮美景观与当地人种植绿肥的关系等等,都需要很明白地表述出来。让更多的人在感受农业遗产地美景的同时,也能感受到遗产地农民的智慧。

十一 如何填写《申报书》中的"技术体系"？

传统农业生产技术，特别是那些独具特色的传统农业生产技术，是人类社会从长期的农业生产实践中总结出来的。无论是农民的种植技术、渔民的捕捞技术，还是牧民的游牧技术，都应该成为农业文化遗产的"硬核"。科学地填写好这方面的内容，对于农业文化遗产申报来说，无论怎么说都不过分。

传统农业生产技术范围相当广泛，它既包括传统农耕经验、水资源管理经验、生态环境保护经验，也包括自然灾害防御经验等等。那么，我们在申报农业文化遗产项目时，有哪些值得总结的农业生产技术呢？

当然作为农业文化遗产的申报，一方面，我们要关注那些妇孺皆知的传统农业生产技术。这类技术之所以普及，之所以妇孺皆知，是因为这些技术简单实用。如在陕西咸阳石榴种植技术中，当地人用将石榴直枝折成牛鼻圈儿状的方式，解决了石榴树不易坐果的问题；用不给石榴地除草的方式，解决了石榴园土壤干旱需要保墒的问题。

除上述妇孺皆知的传统技术外，申报项目更应关注那些独具特色的、很少为外人所知的、具有相当科技含量的传统农业生产技术。在湖南省花垣县苗族人生活的子腊村,这里处处是山,几乎无地可种。但当地苗族同胞还是通过在沟谷深塘上架设木头,然后再覆以肥土的方式,开垦出一块又一块的水田,成功地解决了山区缺少农业用地的问题。事实告诉我们,没有点儿特色,没有点儿技术含量,是不能申报农业文化遗产的。

需要特别指出的是,我们这里所说的农业生产技术是一个系统,它应该体现在育种、耕种、灌溉、排涝、病虫害防治、收割、储藏等各个方面,这就需要我们通过深入研究,将那些深藏在民间的民众智慧系统地挖掘出来,而不是找出一两件农业生产技术就能应付了事的。

十二 如何填写《申报书》中的"知识体系"?

农业文化遗产是个庞大的知识体系,可以从各个角度去梳理它、解读它、总结它。在填报这个知识体系时,不妨从以下几个维度去考虑"知识体系"的填写。

(一)传统农业生产技术方面的知识

在中国农业文化遗产中,生产技术方面的知识非常丰富。

在对土壤特性的认知方面,人们很早便意识到了土壤的特性,并根据土壤性质的不同而选择不同的农作物品种。如沙壤比较适合种植地瓜、花生、西瓜、萝卜等作物,而黏土比较适合种植水稻、小麦、玉米、大豆、高粱一类的农作物。

在对气候的认知方面,我们的先人很早就意识到了温度与农作物的关系。在云南,人们会根据海拔的不同以及由此造成的温度的不同,种植不同的稻作品种。在北京,人们也会根据海拔以及由此造成的温度的不同,种植不同的农作物品种。如在温度较高的平原地区多种植西瓜,在海拔较高的地区多种植山楂、香果、槟果一类的耐寒作物。

在对气候的认知方面,人们会根据节气的不同,种植不同的农作物品种,如"头伏萝卜,二伏菜,三伏四伏种荞麦"。

在对农作物品种的认知方面,人们还会根据农作物品种的不同，采取不同的技术，例如，如果石榴不坐果，人们就会将石榴的直枝折弯；如果苹果不坐果，人们就会在果树的枝干上砍上几刀，让它们多多坐果。

（二）传统农业生产工具制作与使用方面的知识

传统农业生产工具是人类口、耳、鼻、手、脚的延伸，也是衡量一个地区农业生产力水平的重要标志。在农业遗产调查中，要重点研究传统农业生产工具在制作与使用中所呈现出的智慧、它的人体工程学原理以及它所体现出的工作效率等等。特别是对于那些以风能、水能为基本能源、几乎可以做到无本经营的风车、水车制造与使用技术等，进行重点调查。

（三）传统农业生产制度方面的知识

在人类农耕文明发展过程中，人类为维护农业生产秩序的稳定，制定过很多规则、制度、法律（以乡规民约为代表的民间习惯法）、伦理道德以及与之相适应的民间禁忌。这些农业生产制度不但帮我们完善了公平的社会分配方式，保障了社会财富与收入的合理分配，也有效地控制了在资源匮乏情况下出现的无序竞争甚至恶斗，同时还节省了大量不必要的交易费用。譬如在干旱缺水地区常见的保渠用水制度，游牧地区每遇白灾（雪灾）时的送羔制度，哈尼地区普遍流行的牛亲家制度（在红河地区，海拔落差大，山上山下的耕种时间也会有很大不同。为减少养牛成本，居住在山上的哈尼人家会与居住在山下河谷地带的傣族人家同养一头耕牛，错峰使用。这样一来,不但实现了"耕者有其牛"的目标,也大大地减少了养牛成本),可谓一举多得。中国的农业经营史已经证明,只有农业生产技术、优良的农作物品种而缺乏完善而有效的农业生产制度,农业生产同样不可能顺利进行。在调查中,我们应重点考察当地的农业生产制度,并对它的功用给予很好的梳理。

(四)传统农作物品种选育方面的知识

优秀的农作物品种,是人类社会历经千百年农业生产实践培育出来的传统农业精华,也是农耕文明的重要载体。一个民族的农耕文明能否代代相传,优良品种的传承是关键中的关键。重点考察当地特有的农作物品种以及当地在保护传统农作物品种多样性方面所取得的经验,是我们的一项重要工作。

历史上,传统农作物品种到处都有分布,但随着近几十年来转基因、杂交稻以及各种各样新品种的出现,传统农作物品种受到史无前例的冲击,保护传统农作物品种,已经成为保护农业文化遗产的重要使命。

那么,到哪里可以找到更多的传统农作物品种呢?传统农作物品种的分布是有规律的,这些规律包括:

第一,新品种很难到达或不愿到达的偏远地区,或是不太适合大面积种植的地区,以及土壤相对贫瘠、影响新品种的产值的地区。

第二,海拔超过1500米以上的地区。从海拔看,海拔一旦超过1500米,转基因、杂交稻就很难获得生存,故这些地区很容易成为中国传统农作物品种的最后一个避难所。

第三,传统农作物品种的多寡,除与保留有多少原有品种有关外,还与海拔落差的大小有关。通常,海拔每提升100米,温度就会降低0.6摄氏度,种植在这里的传统农作物品种也会随之发生变化。故海拔落差越大,传统品种就越多。

需要指出的是,我们所说的"知识体系"是指尚活在民间的民间"知识体系",而不是指历史上确实存在,但当下已经消亡的民间"知识体系"。

十三 如何填写《申报书》中的"文化特征"?

任何一种农耕文明都需要一整套特定的传统文化做支撑。为确保遗产项目的稳定性,保护好与之相关的传统文化系统,就变得非常重要。

与当代农业不同,无论什么地方的传统农业都会有一套属于自己的传统信仰相伴随。生产方式不同,直面的问题不同,不但各地的神灵体系不同,与之相关的民间文学、表演艺术、传统节日、传统仪式也会有所区别。

设计该栏目的目的,就是要求申报者找出该遗产项目与当地传统信仰的联系,并从中发现其价值。神是人类根据自己的需要创造出来的。当人类无法战胜自然,又无法说服同类时,就会根据自己的需要,创造出一个自己需要的神,并利用神威,达到管理社会的目的。这种"俗信"在维系传统农耕社会之社会秩序与道德秩序,在保护自然环境与人文环境、在促进农业发展的过程中,确曾发挥过重要作用、立下过汗马功劳。这与以坑蒙拐骗、谋财害命为目的的"迷信",是完全不同的两码事,绝不能也不应该混为一谈。历史上,我们的山林、树木、农田以及重要水源地之所以能保护下来,几乎都与上述信仰有关,值得认真研究。

在填写"文化特征"时，除传统信仰外，我们还应注意到传统信仰统领下的民间文学、表演艺术、传统节日、传统仪式等传统文化事项，以及它们与申报项目的关系。在传统农耕社会中，纯而又纯的文学艺术几乎是不存在的。更多的情况是，它们常作为传统农耕文化的一部分，存在于广大农村社会中。那些直接作用于农业生产的插秧锣鼓、薅草锣鼓且不用说，就是那些专门用于传播传授农业生产知识与经验的农谚、气象谚，专门用于表达普通民众期盼的旱戏、雨戏、神戏，专门用于劝人勤勉、强调人与自然和谐共处思想的"鞭打春牛""开秧节""昂玛突"等传统节日仪式，也都与传统的农业生产实践有着无法割舍的联系。我们的任务，就是把它们与申报项目的内在逻辑梳理出来。同样，凡申报游牧生产、渔猎生产项目者，也应找出与申报项目有关的传统文化事项，并对它们之间的内在关系予以说明。

十四　如何填写《申报书》中的"创造性"？

农业文化遗产是祖先留给我们的一笔宝贵的精神财富，由于它在传承过程中并没有太大改变，而是一直以活态的形式原汁原味传袭至今。也正因为它还保留着产生之初的那个"原始状态"，因而也就具有了重要的历史认识价值。从这个角度来说，农业文化遗产也是"文物"。既然是文物，我们就应该严格遵守保护文物的基本原则：既然文物不能改，农业文化遗产当然也不能改。只要不改，便有价值。从这个角度来说，保护农业文化遗产与保护文物一样，是不需要"创新"，不需要"改来改去"的，这一点大家不要误解。

那么，这里所说的"创造性"又是指什么呢？这里所说的"创造性"，主要是指该农业文化遗产项目的"独特创造"和"独特贡献"。在评审农业文化遗产项目时，评委们常常把该遗产项目与其他遗产项目相比较，看看这个遗产项目到底有哪些独创性？它的独特贡献到底在哪里？这是因为农业文化遗产所要保护的就是一个地方传统农业文化中最优秀、最独特的那个传统文化基因。如果连独特的文化基因都没有了，保护还有什么意义？可见，能否挖掘出该项目的"独创性""创造性"，挖掘出它的独特的文化基因，是十分重要的一件事。

十五 如何填写《申报书》中的"独特性"?

俗话说:"一方水土养一方人。"由于地理环境不同,温度湿度不同,海拔高度不同,文化背景不同,我们申报的农业文化遗产项目也会呈现出很大差异。很多农业文化遗产项目之所以能入选《中国重要农业文化遗产名录》,全在于它能以独特的方式去解决当地农业发展过程中所面临的具体问题。如新疆吐鲁番地区维吾尔族人民利用挖掘坎儿井的方式,成功地解决了干旱地区水资源运输过程中的蒸发问题;重庆涪陵菜农利用秋冬季寒冷的江风,成功地解决了青头榨菜既要风干又不能老化、腐烂的问题;身处西北诸省的各族人民利用石片遮阳、截留地下水蒸气的方式,成功地解决了酷热戈壁种植打瓜无法浇灌的问题;西北黄土高原上的农民则利用设置淤泥坝的方式,成功地解决了黄土高原水土流失的问题。这些因地制宜而创造出来的独具特色的传统农业生产方式,充分地体现出了各地农民的民间智慧,值得深入挖掘。

十六　如何填写《申报书》中的"遗产功能与重要性评估"？

这个问题可以从五个方面加以回答。

（一）能否为社会提供质量优良的物质产品

1. 有些地方可以为社会提供某种非常优秀的农产品。如增城可以为中国社会提供最好的荔枝品种以及各种各样的荔枝制品，泰和乌鸡可以为社会提供最高品质的药用乌鸡。

2. 有些地方可以通过循环经济的方式为社会提供某几种非常优秀的农产品。如贵州从江稻田养鱼养鸭系统，不但可以为社会提供无公害稻米，同时还可为社会提供无公害鱼、鸭，可谓一举多得。

（二）能否为社会提供良好的生态服务

重点说明该项目在生态方面所做贡献。如河北宣化葡萄种植面积虽小，但在很好地改善了当地果农居家环境的同时，也很好地美化了城市、绿化了城市，并为城市提供了独具特色的休闲方式与休闲空间。而占域辽阔的红河梯田，不但为中国社会提供了上百种稻作品种，保护了农作物品种的多样性，同时也涵养了水源，保住了绿水青山，改善了当地人的人居环境。

（三）能否促进当地文化的有序传承

重点考察当地传统农耕方式是否真的可以促进当地传统文化的有序传承。如传统农耕方式是否还可以有效地促进当地薅草锣鼓、插秧锣鼓、传统仪式歌、农谚、四季歌的有序传承？是否还可以有效地促进当地摆手舞、秧歌舞的有序传承？是否还可以有效地促进当地祈雨戏、还愿戏的有序传承？是否有效地促进了当地传统农耕仪式（如唱春官、昂玛突、开秧门）的传承？是否还可以有效地促进当地传统节日（尝新节）的有序传承？这些传统文化与该项目是否仍保持着密切的文化联系？

（四）能否促进当地农业的多功能发展

在经济功能上，该遗产项目是否仍可以为社会提供优质的、多口味的农产品？是否仍可以有效地延长当地产业链，并有效地拓宽当地人的就业渠道？

在生态功能上，该遗产项目所形成的生态系统，是否仍可以有效地改善当地的周边环境、气候，是否仍可以维系周边的生态平衡，并为周边的生物多样性保护发挥自己的作用？

在文化功能上，该遗产项目所呈现出的自然景观与人文景观，是否仍能给当地人带来足够的自豪感？是否仍能给当地的休闲、教育、旅游、娱乐提供了新的看点？

在社会功能上，该遗产项目所营造出的社会氛围，是否仍可确保当地的社会稳定？是否仍可以为当地的可持续发展提供新的动力?

（五）是否具有地方发展的战略性考虑

地方政府在申报农业文化遗产项目时，是否有更加长远的、更加具有全局性的战略性考量？这是我们比较看重的一个问题。所谓"战略性考量"具有以下几个特征：一是该申报是否准备作为发展地方经济的一个重要突破口，并已经或准备纳入下一个"五年规划"？二是申报一旦成功，地方政府是否会以此为龙头，带动其他产业，并使之成为发展地方经济的一个重要增长点？三是在今后相当长的一段时间里，是否能确保相关政策的稳定性，并打算通过一定的手段去逐步实施？如地方政府有没有将该项目的申报，作为地方发展战略去考量？有没有通过申报，将这里建设成该农作物品种最重要的种质资源保护地，进而带动下游产业，使这里成为该农作物品种最重要的繁育基地的想法？有没有利用该项目拉动一方经济，并使之成为这里最重要的经济增长点的想法？有没有借申报之机，扩大这里的知名度，进而获得更多的社会资源的想法？

十七　如何填写《申报书》中的"问题与机遇"？

（一）主要问题

这里所说的"问题"，是指在遗产保护过程中遇到的具体问题。如传统农作物品种保护中遇到的问题，农业生产技术传承中遇到的问题，产业链延长中遇到的问题，销售渠道不畅带来的问题，劳动力不足带来的问题、现代化冲击带来的问题等等。你所申报的农业文化遗产项目究竟遇到了哪些问题？请如实说出。

（二）主要机遇

重点考虑国家大政方针的提出，为该项目的申报是否提供了强有力的支持？地方政府方针政策的提出，为该项目的申报是否提供了强有力的政策保障？最后一点，该项目的申报是否符合可持续发展理念，它会对当地社会经济发展带来怎样的影响？

（三）发展前景

预测一下，作为地方发展战略重要组成部分的遗产申报工作，一旦获批，该项目在经济上，会对当地的经济腾飞带来怎样的影响？在生态上，会对当地的生态修复带来怎样的影响？在文化上，会对当地的文化振兴带来怎样的影响？在社会功能上，会对当地的和谐社会建设带来怎样的影响？

十八 如何填写《申报书》中的"保护与发展措施"?

(一)已采取的措施

这个问题回答起来相对简单,如实汇报即可。如积极申报农业文化遗产,已经对农业文化遗产资源进行了初步调查,已经出版了相关的调研报告或学术专著,已经建立了相关的遗产资源数据库,已经编制完成了遗产规划与管理办法等等。

(二)拟采取的措施

重点回答申报成功后的工作重点与拟采取的措施。关键点包括:

组织上,是否准备成立农业文化遗产保护工作领导小组,确保申报成功后项目有人抓、有人管,保护工作不流于形式?

理念上,是否准备组织专家进行严格的农业文化遗产保护工作培训,组织编写《农业文化遗产保护工作指导手册》,确保日后的保护工作不走样、不跑偏?

制度上,是否准备进行农业文化遗产保护制度建设,尽早制定《农业文化遗产保护条例》,通过制度建设设立红线、震慑犯罪,降低管理成本?

操作上,是否准备引进资金进行适度的旅游开发,并加强农产品产业链建设?

以上只是我们想到的几个写作方向,但《申报书》的撰写需要有自己的想法和制度设计。

十九 如何填写《申报书》中的"附件"?

附件通常包括以下几方面内容:

(一)基础图件。包括区位图、地形图、遗产分布图、功能区划图、旅游资源分布图、总体规划图等。

(二)历史老照片。包括农作物照片、遗产地照片、农作物种植收获照片、农产品加工照片、销售店铺照片、从业者照片、所获荣誉证书照片、相关研究成果照片等。

(三)当代照片。包括农作物照片、遗产地照片、农作物种植收获照片、农产品加工照片、加工场所照片、加工后农产品成品照片、销售场所照片、从业者照片、所获荣誉证书照片、相关研究成果照片等。

八、规划篇

一 如何填写《规划书》中的"总则"?

"总则"可以从以下几方面进行概括和总结。

(一)规划背景

重点介绍撰写该规划的国际背景和国内背景,以及该项目规划地所具有的独特优势。"规划背景"的言外之意是:联合国粮农组织号召搞,中国农业农村部鼓励搞,我们这么优秀的项目当然必须搞。

(二)规划依据

罗列出该规划项目所需国际公约、国家法律法规及地方出台的政策文件等。包括:

1. 联合国相关国际公约及文件,如《联合国生物多样性公约》《全球重要农业文化遗产动态保护与适应性管理项目框架》等。

2. 中国相关法律法规及文件,如《中华人民共和国文物保护法》《中华人民共和国非物质文化遗产法》《中国全球重要农业文化遗产动态保护与适应性管理项目框架》《中国重要农业文化遗产认定标准》《农业文化遗产保护与发展规划导则》《中国重要农业文化遗产申报书编写导则》《农业文化遗产保护与发展规划编写导则》等。

3. 地方相关法规及文件，如《涪陵区实施榨菜产业振兴行动方案》等。

（三）规划原则

详细阐述科学性、前瞻性、代表性、实用性等原则在本规划中的落实情况，即重点论述各原则在本规划中的落实情况。

（四）规划时限

规划时限一般为9—10年，可将这9—10年划分为近期、中期、远期三个阶段来分步骤实施。如有可能，尽量将它与地方政府的五年规划结合起来。

（五）技术路线

1. 基础调研。经普查，确定申报项目。通过深入调查、搜集资料、座谈访谈、专家咨询等方式，对申报项目做更深了解。

2. 科学分析。根据已有材料，对该项目的特点、价值等进行归纳，并对该项目的优势与劣势、威胁与挑战等，做出明确的判断。

3. 合理规划。制定总体目标、保护发展原则、划分保护区域。然后，再制定相应的保护规划、发展规划以及能力建设规划等。

4. 征求意见。审批实施。

5. 附技术路线图。

二 如何填写《规划书》中的"遗产特征与遗产价值分析"?

(一)遗产特征

重点从起源与演变、系统结构和系统特征等三个方面,探讨该农业文化遗产项目的基本特征。

1. 起源与演变。通过走访县图书馆、档案馆、地方志办公室以及县文化旅游局、文物管理所等单位,搜集与该项目起源和演变有关的资料,并梳理出该项目起源与演变的过程。使用材料可以是典籍文献、传说故事,也可以是考古成果或是历史遗存。

2. 系统结构。系统结构又可分为"生态系统""景观系统""农业生产系统""技术体系""知识体系""文化体系"等。

(1)生态系统:重点回答当地百姓是如何利用自己的聪明智慧,改善了该项目的周边生态,并使当地农业获得了可持续发展。如云南红河地区的哈尼人注意到梯田附近有一种名叫"水葫芦"的树种具有很强的蓄水能力,对梯田农业用水起到了很好的调剂作用,所以规定任何人不准对种有该树种的树林进行滥砍盗伐。再如红河梯田有些地段是沙壤,梯田田埂很容易因蓄水而崩塌。但当地人通过田埂上种植根系发达的柳树、棕榈树的方式，成功地解决了沙壤梯田的溃埂问题。再如蓄水梯田很容易因溃埂而造成山坡的垮塌，为此，哈尼人会在每个村落的上方保留下一片茂密的森林，并以神灵的名义取名"寨神林"，规定任何人等或大型牲畜不许进入。因为有了寨神林的护卫，不但确保了村落安全，也有效避免了梯田农业的水土流失问题，反映出人类在保护生态环境过程中的聪明才智。

（2）景观系统：人类不会因为漂亮的景观而创造农耕文明，但人类在长期的农耕文明的创造过程中，确实会在有意无意中创造出天人合一的美景。如江苏兴化在打造垛田时无意中创造出了独一无二的千亩垛田的美景，广西龙胜在开垦龙脊梯田时无意中创造出了七星伴月这样的绝美景观。填写该栏目时，要重点考虑该项目在客观上营造出了哪些美景，并指出这些美景的出现与该项目之间的关系，如稻作梯田为了营造出水平的耕作面，就必须找出山坡上的等高线，并沿着等高线砌出层层梯田。所以，由等高线创造出来的梯田的美，必然是环绕的美、曲折的美、婀娜而多姿的美；由梯田水面反射出来的天光的美，必然是水天一色的美、浑然天成的美。

（3）农业生产系统：重点考虑该项目与其他农作物品种在种植上的相互关系。如凡种植水稻者，必在田埂上种植豆类。一方面它可以有效地利用闲置下来的田埂，另一方面豆类的根瘤菌也会为水稻的生长提供一份难得的养分。农业生产系统除考虑作物与作物的关系外，还要考虑到作物与动物的关系。如中原一带的农民，常在田边种植芝麻，目的是利用芝麻散发出来的浓重的气味儿，挡住想要进入大田啃食的羊群。另外，果园中养殖家禽，不但可以为果园免费除草、除虫、松土、施肥，同时还可以获得一份养殖家禽方面的收入。这些农民的智慧都应该成为我们的关注重点。

（4）技术体系：一个合格的农业文化遗产项目，它的农业生产技术一定是成系统的。2019年获批的广西容县沙田柚生产系统，所呈现出来的就是这样一个完整的技术体系。如在育苗方面，当地人采用最多的，便是用高产母树下层朝阳一二年枝条进行驳枝的古老技术。驳枝所用砧木多为酸柚木，用它做砧木，不但产量高，而且容易成活。在栽培方面，幼苗要与地面成45°角。这种"矮化"的种植方式不但有利于果树管理，同时还可提高果树产量。在施肥方面，最常用的是人畜粪尿、草木灰、麸饼、骨粉、塘泥、河泥、草皮泥、绿肥等等。而施肥时间多选在每年的壮花期（2月上旬）、稳果期（4月中下旬）、壮果期（果实迅速膨大时）、采果期（10月上旬）这样四个时间节点，在这四个时间节点上施肥，更容易获得高产。在果园管理方面，为避免花多不坐果问题，田间还会套种一定数量的酸柚树，以获得更多的授粉机会。在病虫害防治方面，当地人采用最多的是生物防治法。如用尼氏钝绥螨控制螨类害虫，用黄金蚜小蜂大红瓢虫控制蚧壳虫，用鸡鸭控制蜗牛等等。

（5）知识体系：是指项目申报方所掌握的丰富的农业生产知识。同样是广西容县沙田柚，他们在沙田柚的储存上，就保留了许多传统知识与经验。如当地人采用最多的是大仓地面贮藏、地洞贮藏、瓦缸贮藏等。这些贮藏方式成本低、效率高，沙田柚贮藏在这样的环境中，一般几个月都不会坏。这些传统农耕知识同样值得我们深入挖掘。需要说明的是，我们所需要的知识体系一定是成系统的，只找出一两个知识点来搪塞是万万不行的。

（6）文化体系：是指该项目在长期的种植实践中，形成的一套与该项目息息相关的传统文化事项。如在广西容县沙田柚种植区，人们坚信沙田柚的叶子具有驱邪功效，每逢祭祀，人们都会把柚叶插在门外的墙上。每年八月十五，沙田柚还会出现在供桌上，并与月饼一道，成为当地人中秋节必不可少的节令食品。在当地，就是今天也还流传着《乾隆皇帝命名沙田柚》这样的传说，并成为当地人赞美沙田柚的一个重要依据。由此可见，沙田柚已经成为了容县非常重要的地域标志性文化，它的存在不但决定了沙田文化的基本底色，同时，也决定了广西沙田文化的未来走向。

3. 系统特征。从该申报项目的活态性、动态性、适应性、创造性、独特性、复合性、战略性、多功能性、可持续性、濒危性等角度，阐述一下本项目的规划理念和保护理念。

（1）活态性：是指该项目几百年来一直以年复一年的耕耘和收获，保护了该项目所传优良品种、农耕技术、农业生产制度以及与之息息相关的传统文化。活态保护的要点是，不是把该遗产简单地封藏在博物馆，而是让它以农业生产的方式，年复一年地种植下去。

（2）动态性：是指该项目除具有稳定的传承性外，还会随着自然环境与人文环境的变化而发生一定程度的适应性改变。如今年缺粮，农民们就会多种些高产的粗粮；明年儿子娶亲，就会多种些用于喜宴的细粮。

（3）适应性：是指该项目对于所处环境所具有的广泛的适应性。如即使生态、环境、气候等发生了变化，原有种子资源也能很好地加以适应，并以更顽强的生命力存活下来，从而使该品种具有了更强的适应能力。这便是人们常说的"顺境出产量，逆境出品质"。

（4）创造性：重点回答该项目的独特的创造力。如别人是用填塘的办法增加土地面积，而湖南省花垣县的乡民则是通过在深塘上架设木头再填土的方式增加土地面积。

（5）独特性：重点回答该项目的与众不同之处。如万年贡稻的独特贡献是为国家保留下了一个历史上贡品级的、可以逃过洪水一劫的高秆稻作品种，红河梯田的独特贡献是为国家保留下了上百个传统稻作品种。你的申报项目有何独特贡献呢？

（6）复合性：重点回答该项目的复合性特征。农业文化遗产的最大特点是它的复合性。在遗产项目中，既有梯田、垛田、沟渠、堤坝等物质文化遗产的一面，也有育种技术、种植技术、施肥技术、病虫害防治技术、秋获冬藏技术等非物质文化遗产的一面。该项目的"复合性"主要表现在什么方面？

（7）战略性：重点回答该项目的申报，对国家或地方发展具有怎样的战略价值。并不是所有的传统农业都能申报农业文化遗产的。要想申报，至少要让评委知道该项目申报对于国家或是地方的发展，具有怎样的战略价值。譬如说，该项目是否可以为国家保留下某一珍稀的传统农作物品种？是否可以为国家保留下某一非常优秀的传统农耕技术？如果该项目是当地著名的地域标志性文化，那么，通过申报，该项目是否可以成为促进当地经济发展、社会进步最重要的动力引擎？

（8）多功能性：重点回答该项目所具有的多功能性。如可以从该项目是否可以维系当地人生计、促进当地经济发展、改善生态环境、美化当地景观、促进当地旅游、保护优良品种、延长当地产业链等多个角度，去分析该项目所具有的多种功能。

（9）可持续性：重点回答三方面问题。作为农业文化遗产，该项目在自身发展上是否具有可持续性？在维系当地人生计方面是否具有可持续性？在保护当地生态环境方面是否具有可持续性？

（10）濒危性：重点回答该项目的濒危要素、濒危程度及濒危成因。

（二）遗产价值

1. 生态价值：用具体事例，从涵养水源、固碳释氧、处理废弃物、净化环境、养分循环等角度，去分析该项目的生态价值。

2. 经济价值：经济价值是农业发展的重要推手，客观分析该项目的经济价值、该项目对于维系当地人生产生活的重要意义，并对该项目所蕴含但尚未被开发出来的经济价值进行深入阐释。

3. 社会价值：重点分析该项目在推动社会发展、和谐人际关系、振兴乡村社会过程中所呈现出来的价值。

4. 文化价值：作为农业文化遗产，它在传承当地文化的过程中到底发挥了怎样的作用？主要表现在哪些方面？

5. 科研价值：该项目所展现出的传统农耕经验有哪些值得更深入挖掘？值得更系统的理论归纳？

6. 示范价值：指出该项目对同类型农业生产方式所具有的示范作用和引领作用，并指出该项目有哪些农业生产知识和技术值得推广。

7. 教育价值：保护农业文化遗产的目的之一，就是从中总结出更多更好的农耕智慧，以开启民智，并为未来农业的发展提供有益的参考。那么，该项目的教育价值主要体现在哪些方面呢？

8.独特价值：一般而言，项目的"独特价值"可以从以下两个方面去解读：一是在已批项目中，该项目具有哪些独特价值？是保护了一种独特的遗产类型，保护了人类文化的多样性，还是帮助我们保护了一种地域文化的独特性？二是在全国同类申报项目中，该项目具有哪些独特价值。是历史悠久，还是品种独特？是保留了一套完整的、非常适用的传统农耕技术，还是保留了众多传统农作物品种？等等。

三 如何填写《规划书》中的"遗产的重要性与保护的必要性和紧迫性"?

（一）遗产的重要性

可以从以下三方面加以陈述：

1. 这里是不是该农业类型的最重要的起源地，或是该农业类型的集散地？该项目是不是当地人最重要的生计来源？

2. 这里是不是保留有最优秀的传统农作物品种？或是保留有众多传统农作物品种？

3. 这里是不是还保留有最为系统的传统农业生产技术？

（二）保护的必要性和紧迫性

1. 在当代人工品种的迅猛冲击下，传统农作物品种是否面临失传？以上问题需结合当地情况作翔实阐述。

2. 在当代技术的迅猛冲击下，传统农耕技术，如传统选种育种技术、病虫害防治技术、贮藏收藏技术等，是否已经面临失传？以上问题需结合当地情况作翔实阐述。

3. 在当代文化的迅猛冲击下，与项目有关的、在传统信仰统领下的民间文学、表演艺术、传统工艺美术、传统工艺技术、传统节日、传统仪式等，是否已经面临失传？以上问题需结合当地情况作翔实阐述。

四 如何填写《规划书》中的"保护与发展的优势与劣势、机遇与挑战"?

(一)优势

重点回答申报项目的优势是什么?是历史起源上的优势、种子资源上的优势,还是技术上的优势、文化上的优势?

(二)劣势

是传统品种已经受到冲击,传统技术已经受到冲击,还是因无人务农而导致的传统农耕技术已经受到冲击?

(三)机遇

是中央大政方针为该项目提供了发展机遇,是地方政府的长短期规划为该项目提供了发展机遇,还是市场需求为该项目提供了发展机遇?

(四)挑战

挑战来自何方?是土地面积锐减带来的挑战,还是传统农耕技术失传带来的挑战?是劳动力不足带来的挑战,还是外来文化冲击带来的挑战?是保护理念错误带来的挑战,还是对农业文化遗产价值认识不足带来的挑战?

五 如何制定《规划书》中"保护与发展措施"?

"保护与发展措施"可以从两个方面去回答。

(一)已采取的措施

重点回答为做好申报工作已经进行了哪些努力。这一点需要如实汇报。如已经组建了申报工作领导小组,已经对农业遗产资源进行了初步调查,已经出版了相关的调研报告或专著,已经建立了相关的遗产资源数据库,已经编制完成了遗产规划与管理办法等等。

(二)拟采取的措施

重点回答申报成功后的工作重点与拟采取的措施。关键点包括:

组织上,是否准备成立农业文化遗产保护工作领导小组,以确保申报成功后项目有人抓、有人管,保护工作不流于形式。

理念上,是否准备聘请专家进行严格的农业文化遗产保护工作培训,或是组织编写《农业文化遗产保护工作指导手册》,以确保日后的保护工作不走样、不走偏。

制度上,是否准备进行农业文化遗产保护制度建设,尽早制定《农业文化遗产保护条例》,通过制度建设设立红线,震慑犯罪,降低管理成本。

操作上,是否准备引进资金进行适度的旅游开发,并加强农产品产业链建设等等。

以上只是我们想到的几个写作方向,但《规划书》要有自己的想法,要求落到实处。

六 如何制定《规划书》中的"保护规划"?

(一)农业生态保护

1. 保护目标:每三年为一期,分近、中、远三期,制定出为期9年(或10年)的农业生态保护规划。每期的工作重点要通过规划体现出来。

2. 保护内容:重点保护周边生物的多样性、原生动植物的多样性,以及在本系统内的其他生态环境和合理的水资源利用模式等等。

3. 保护措施与行动计划:重点列出几个生态环境保护的重大项目,并责令有关部门具体实施。如建设农业面源污染控制及废弃物处理工程,建设自然环境自动检测系统等等。

(二)农耕文化保护

1. 保护目标:每三年为一期,分近、中、远三期,制定出为期9年(或10年)的农耕文化保护规划,并明确每期的工作重点。

2. 保护内容:重点保护与该项目息息相关的传统文化,特别注意对当地文化多样性的保护。如对当地老庄稼把式的保护,对传统农耕生产技术与经验的保护,对当地民间文学、表演艺术、传统节日仪式的保护,对当地村规民约的保护,对当地古村落、古遗址的保护等等。

3. 保护措施与行动计划：重点列出几个与当地传统文化保护有关的重大项目，并责令有关部门负责实施。如遗产地农业文化遗产调查、遗产地传统文化调查、成立农业文化遗产研究院、建设农业文化遗产博物馆等等。

(三) 农业景观保护

1. 保护目标：每三年为一期，分近、中、远三期，制定出为期9年（或10年）的农业景观保护规划，并明确每期的具体任务。

2. 保护内容：包括对遗产地景观、遗产地古村落、遗产地古寺庙景观等的保护。

3. 保护措施与行动计划：重点列出几个与当地旅游景观有关的重大项目，并责令有关部门负责实施。如可以申报中国传统村落，修缮开发传统村落、修建遗产地景观台以及园区旅游步道等等。

七 如何制定《规划书》中的"发展规划"?

(一)生态产品开发

1. 发展目标:每三年为一期,分近、中、远三期,制定出为期9年(或10年)的生态产品开发目标,并明确每期的具体工作。

2. 发展内容:保护生态环境,发展绿色农业,培育优良品种,恢复更多的传统农作物品种,加强环境监控,提升产品价值。

3. 发展措施与行动计划:重点列出几个与当地旅游景观有关的重大项目,并责令有关部门负责实施。如建设无公害农业文化遗产地、加强农作物品种的品牌建设、加大绿色农产品宣传力度等等。

(二)休闲农业发展

1. 发展目标:每三年为一期,分近、中、远三期,并根据自己的休闲农业资源、旅游资源,制定出为期9年(或10年)的休闲农业发展规划与旅游开发规划,并明确每期的具体工作。

2. 发展内容:通过农业文化遗产地、传统村落、古寺庙景观等,发展遗产地的休闲旅游产业。

3. 发展措施与行动计划：重点列出几个与当地旅游有关的研究课题，并责令有关部门负责实施，要求项目具体、落地，具有可操作性。如开发遗产地休闲旅游项目、传统村落休闲旅游项目、遗产地万米步道建设等。

八 如何制定《规划书》中的"能力建设规划"?

农业文化遗产保护得好与坏,说到底取决于相关者的执行能力,因此,能力建设至关重要。能力建设规划又可分为"文化自觉能力""决策参与能力""发展措施与行动计划""经营管理能力"四个部分。

(一)文化自觉能力

1. 发展目标:每三年为一期,分近、中、远三期,制定出为期9年(或10年)的发展目标。通过各种宣传,让当地人了解以下三大问题:什么是农业文化遗产?为什么保护农业文化遗产?怎么保护农业文化遗产?从而提升当地人农业文化遗产的辨识力和农业文化遗产保护的执行能力。

2. 发展内容:通过针对领导部门的宣教、专业管理者的宣教和当地农民的宣教,让当地人知道当地农业文化遗产的历史、传承的品种,掌握的核心技术,以及当地民间文学、表演艺术、传统手工艺、传统节日仪式与该遗产的关系。了解农业文化遗产的价值,同时也知道保护这些农业文化遗产所应秉持的理念与方法。

3. 发展措施与行动计划:通过举办定期的农业文化遗产讲座、举办农业文化遗产巡回展、举办农业文化遗产地采摘节等方式，调动起当地人保护农业文化遗产的积极性，从而促进农业文化遗产保护工作的稳步进行。

（二）经营管理能力

1. 发展目标：经营管理能力的培养大致需9年（或10年）时间完成。这9年又可分为近、中、远三期，分期施策，通过各种宣传培训，最终实现提升遗产地管理者与参与者的管理能力、管理水平的目的。

2. 发展内容：组织建设方面，成立专门的组织管理机构；政策建设方面，制定相应的法规制度；思想建设方面，举办各种研讨会、培训班，以提升广大管理工作者和普查种田人的遗产保护意识。队伍建设方面，发挥相关企业、协会、当地农户保护农业文化遗产的积极性，做好农业文化遗产保护、开发工作。

3. 发展措施与行动计划：建立专门的组织管理机构，组织编写《农业文化遗产管理工作指导手册》，建立农业文化遗产数据库，做好组织培训工作。

九 如何填写《规划书》中的"风险与效益分析"？

（一）风险分析

1. 自然风险：农业文化遗产在漫长的发展过程中，已经产生了很好的适应性，通常都不会出现太大问题。但是，如突发的极端天气与灾害，如台风、蝗灾、倒春寒等，同样会给农业文化遗产带来灾难性影响。该农业文化遗产可能会受到怎样的影响？

2. 市场风险：农业文化遗产项目一旦申报成功，必然会在品质上受到更严格的监管。如何解决申报成功之后，知名度提升之前市场面临的风险，应该是申报者需重点关注的问题。

（二）效益分析

1. 生态效益：从生物、动植物以及空气、水源等视角出发，重点分析一下项目申报成功对农业文化遗产地周边生态环境会产生怎样的影响。

2. 经济效益：重点分析随着遗产地管理质量与农产品本身质量的提升，会给遗产地农民、地方政府、下游企业带来怎样的经济回报。

3. 社会效益：重点分析农业文化遗产申报成功，会给国家、地方政府和普通种田人带来怎样的影响。

十 如何填写《规划书》中的"保障措施"?

可以从以下几方面回答这个问题。

(一)组织保障。加强组织领导,成立农业文化遗产领导小组或农业文化遗产保护研究会,确保农业文化遗产的永续传承。

(二)资金保障。加大财政扶持力度。申报成功后,随着产业链的延长、遗产地旅游景观的建设,政府是否考虑一定数量的资金投入。

(三)政策保障。建立积极的补偿政策、土地政策和税收政策。申报成功后,会因传统农作物品种及传统农业生产方式的恢复而产生一定的经济问题,政府应建立相应的财政补偿政策,解决遗产保护过程中出现的这些短时段问题。

(四)技术保障。农业文化遗产的科学保护,需要一定的技术做支撑。这些技术支撑包括:首先,通过联系农业文化遗产专家、生态学专家、民俗学专家、历史学家以及当地政府、当地遗产保护工作者、当地农民等,联合组建农业文化遗产保护团队;其次,加大农业文化遗产研究力度,并就本地农业文化遗产进行深度挖掘;最后,做好研究成果的推广工作。通过出版、宣讲、网络宣传,让遗产地的每一位居民,不但知道什么是农业文化遗产,而且还要知道为什么保护农业文化遗产以及怎么保护农业文化遗产。

十一　如何填写《规划书》中的"附录"？

附录中应该加入遗产地区位图、遗产地范围图、土地利用现状图、遗产地地形图、遗产地功能分区图。

九、活用篇

一 如何活用传统农业生产知识技术类遗产资源？

从广义的角度说，农、林、牧、副、渔等生产活动均可纳入农业文化遗产范畴，也可纳入农业文化遗产的开发范畴。中国地大物博，民族众多，加之纬度跨越较大，所以，各地的农业文化遗产也会呈现出明显的差异，这便为此后的遗产地产业化开发，预留下了相当大的空间。目前，有关农业文化遗产的开发，基本上还处于采摘阶段和泛泛的农业观光阶段，很难满足人们急于了解各种传统农业生产知识与智慧的需求。要想活用好这笔资源，我们至少要考虑以下几方面问题。

（一）农业文化遗产地可聘请农业文化遗产领域专家，在深入调查的基础上，摸清当地农业文化遗产的知识点，并将那些可以作为旅游资源的部分，作为旅游产品开发出来。如以稻田养鱼为基本特征的遗产地，可以把稻田养鱼的历史、分布规律、技术原理统统挖掘出来，以开发沼泽地为基本特征的遗产地，可以把在沼泽地修建垛田的历史、它与移民的关系、与每年一度大洪水的关系、它的技术原理统统挖掘出来，并将它们作为遗产地旅游开发的灵魂，告诉给每一位参观者，同时，还可将稻田捉鱼、捉蟹，垛田采香葱、挖芋头等开发成旅游产品，丰富一日游的内容。在农业景观较好的农业遗产地,还可以把当地最著名的遗产景观,如红河梯田的老虎嘴、多依树,龙脊梯田的七星伴月、金坑梯田等开发出来。果品种植类遗产地,可以把当地著名的果园如夏津的桑园、宣化的葡萄园等,开发成农业休闲目的地。

(二)农业文化遗产的开发,不一定只走旅游开发一条路,对于那些旅游景观并不太好的地方,也可以通过遗产地优良产品的销售,带动一方致富。在短视频加直播空前发达的今天,网上销售,对于那些地处偏远,但农产品资源又非常丰富的农业文化遗产地,显然是一种非常好的营销方式。完全可以通过线上销售,拉动一方经济。

(三)除狭义的农业遗产外,渔业类遗产、游牧类遗产、林木类遗产都可找到自己的卖点。如渔业类遗产地,可以开展海上垂钓、湖上垂钓;对于牧业类遗产地,可以利用丰美的草场资源,开发草原牧骑项目;对于林业类遗产地,可以开展深林旅游、林中小屋度假、竹林漫步等各种各样的游乐项目。

二 如何活用传统农业生活知识类遗产资源?

在农业遗产地的开发过程中,除应重点开发农业生产中的民间知识、民间智慧外,还应充分考虑到农业生产与农业生活的关系问题,并将农业生活中的民间智慧统统纳入到农业文化遗产的开发中来。

传统农业生活类遗产主要是指与遗产地人民生活有关的衣食住行等各方面的知识与技能,具有巨大的开发空间。譬如对当地传统服饰的开发,对当地传统饮食的开发,对当地民居民宿的开发,对当地交通工具的开发等,历史上虽都不乏尝试,但还有相当大的操作空间。譬如我们每到一处农业文化遗产地,吃住都在四星五星级酒店,地方小吃吃不到,地方民宿住不到。这对于以增长农业知识、体验农家生活、感受民间智慧为卖点的遗产地旅游来说,不能不说是个很大的问题。作为中国农耕文明经典范例的各农业文化遗产地,应该在衣食住行各个方面,找回自己的传统,特别是找回自己传统中的亮点,并把深藏在民间生活中的民间智慧告诉给每位游客。譬如在黄土高原上的几个农业文化遗产地,历史上这里民居的房顶几乎都是向里的一面坡。这是为什么呢?原来,黄土高原干旱少雨,吃水是个很大的问题。为了能留下这宝贵的雨水，人们在建房时，都会在院落里挖出一个几米深的水窖，这样在下雨的时候，落在房顶的雨水就会顺着房顶的斜坡，流入事先准备好的水窖中。据说，只要一年下上两三场饱雨，百姓一年的用水就不再忧愁。我亲自考察过这种水窖，里面有相当的技术含量，是一个非常值得开发的旅游资源。

当然，我们所说的农业生活类资源是个非常广义的概念，只要与生活有关，都可纳入其中。譬如在某些遗产地，传统医药学知识非常发达，有的地方甚至还具有非常深厚的药浴传统、盐浴传统。农业遗产地旅游完全可以和这些医药资源结合起来，增加农业文化遗产地的旅游附加值。同样，每个地方也都有每个地方的手工传统，如山西的老醋、四川的腊肉、朝鲜族的泡菜，都是不错的旅游资源，完全可以发掘出来，让它们为刚刚兴起的农业文化遗产地旅游做出自己的贡献。

三 如何活用传统仪式类遗产资源？

传统仪式规模宏大，很容易吸引世人眼球，因而也很容易成为一笔不可多得的旅游资源。传统仪式从功能上看，大致可分为两类。一类是为解决人与人的关系而产生的仪式，如关公祭祀仪式、妈祖祭祀大典以及西藏雪顿节的晒佛仪式等等。举行这类仪式的目的在于通过祭祀为社会树立楷模，进而实现调整人际关系、重构社会秩序的目的。另一类是为解决人与自然的关系而产生的仪式，例如少数民族地区的祭山仪式、祭湖仪式、祭寨神林仪式等等。它所强调的是正确处理人与自然之关系，保护好绿水青山，从而使人与自然更加和谐，进而促进人类社会的可持续发展。随着人们对传统文化认知水平的不断提高，传统仪式也开始得到越来越多的恢复。而这在相当程度上也就成为了农业文化遗产地之旅的重要看点。

作为旅游资源，传统仪式本身不会带来太多的经济效益，但它却可以成为农业文化遗产地宣传中的一个亮点，打好这张牌，对于增加遗产地的知名度和旅游附加值，都会大有好处。

四 如何活用传统节日类遗产资源？

绝大多数传统节日都是在传统仪式的基础上发展起来的。从功能上说，传统节日与传统仪式会表现出很大的一致性。

一年有365天。但在传承一个民族物质文明与精神文明的过程中，并不是每一天都同等的重要。在这365天中，总有那么几天，在传承一个民族物质文明与精神文明的过程中，发挥着重要作用，而这几天就是传统节日。我们可以这样说，只要保护好传统节日，一个民族最优秀的饮食文化就保护下来了；只要保护好传统节日，一个民族最优秀的服饰文化就保护下来了；只要保护好传统节日，一个民族最优秀的表演艺术就保护下来了；只要保护好传统节日，一个民族最优秀的民族精神与传统道德就保护下来了。也就是说，由于传统节日集中了一个民族最优秀的传统文化精华，保护好传统节日对于一个民族来说，也就具有了极其特殊的意义。而将人类精华聚集在一起的传统节日，自然也应该成为各农业文化遗产地关注的重点。

五　如何活用民间文学类遗产资源？

　　谈起旅游，人们最简单的解释就是"看景"，而我们所说的"农业文化遗产地旅游"，当然也逃不出这个解读。但大家是否还听说过这样一句话："看景不如听景。"这又是为什么呢？在遗产地旅游中，如果没有当地人带着，我相信你所看到的也许就是块石头，或者就是个其他别的审美东西，其本身并没有多少的景观价值。然而，如果当地人或是导游告诉你，这可不是块普通的石头，里面还有段动人的传说呢，这时我们就很可能会从这块普通得不能再普通的石头上，听到各种版本的动人的传说，譬如《望夫石的传说》《木鱼石的传说》《钓鱼台的传说》等等，而这些传说，便增加了旅游附加值。毕竟，通过这些传说故事，我们不仅可以看到遗产地的水光山色、风土人情、乡土掌故，同时，还可以净化我们的心灵，增强我们的担当，提升我们的情操。

　　与遗产地观光关系最大者是民间传说。所谓民间传说，是指产生并流传于民间社会的具有某种解释性功能的民间故事。由于它与特定历史人物、历史事件、自然风物、社会习惯有机地结合到了一起，所以，民间传说具有一定的真实性，故也常被称为"民间社会的口传历史"。

从功能上看,民间文学类遗产对遗产地旅游的贡献主要体现在以下两个方面。

一是可以将传说故事融入讲解词中,二是可以将遗产地传说汇集成册,作为遗产地旅游商品出售。各地文化和旅游局可以进一步加大对于这类传说故事的搜集整理力度。并按着历史人物传说、历史事件传说、地方风物传说以及动植物传说等编辑成册,结集出版。结集出版后的民间传说故事集,一方面可对外发行。对于游客而言,这既是出发之前做足功课的重要读本,同时也是饱览之后推荐景点的重要手段。另一方面这些传说故事集也可作为导游员以及村落旅游从业者培训手册使用。一个好的导游员,他的任务不是背导游词,而是根据自己的阅读与理解,将当地的传说故事讲给游客。从机械地"背",到活灵活现地"讲",是导游员专业素质提升的一个重要标志。

如果还想有更大的突破,我们还可以将景区内的自然山水与传说故事中的历史人物与历史事件相结合,利用夜色所给予我们的神秘感,通过灯光设计出一条神秘的景观长廊,通过旁白以及历史人物的出演,还原出那段传说的历史,从而改变景区只能白天观光,不能晚上游览的传统,增加景区的经济附加值,活跃游客们的夜生活,并给村落旅游业开创出一个全新的盈利模式。

作为一种新兴文化产业,我们还可将当地的传说故事开发成打火机、杯子、T恤、帽子、明信片、便笺、钥匙链等独具特色的遗产地旅游商品。在有美食传说的遗产地，我们还可以将这些传说故事中的美食开发成村落旅游产品，以满足游客的购物需要。可以说，遗产地旅游文化的独特性，基本上都是通过这样的一件一件旅游商品的开发营造出来的。

六 如何活用传统表演艺术类遗产资源？

传统表演艺术参与村落旅游是从20世纪80年代开始的。此后，随着少数民族地区村落游的兴起，短平快类的表演艺术，特别是以展现肢体美为基本特征的少数民族歌舞，受到了高度重视，作为一笔重要的村落旅游资源，产生了很好的经济效益。

与村落游相关的表演艺术大致可分为两类：一类是作为专业演出团体，在特定演出场所演出的专业性表演艺术；另一类是作为当地百姓，在村落广场等演出场所演出的群体性表演艺术。

在运作模式上，两者亦存在明显不同。由张艺谋先生编导的大型实景演出《印象丽江》《印象刘三姐》属于前者，由当地民众出演的诸如《猴鼓》《苗族鼓舞》《侗族大歌》等，明显属于后者。

从专业化程度看，第一类演出具有明显的专业化特征。整个演出从编剧、舞美、灯光，直到其中的绝大多数表演，都由专业人士完成。而由当地人出演的第二类表演，所展示的都是当地传统歌舞，具有更为明显的原生态特征。在一般的农业遗产地旅游开发过程中，我们并不赞同专业团体的参与，因为客流量的不足，很难撑起如此庞大的团队。从既有经验看，要想实现专业化演出，至少要满足以下两方面条件：一、需要一定的客流量做支撑。没有一定的客流量，很难做到可持续经营。而这个客流量（有效客流量）至少要保证在1000人左右。二、需要有超长的演出季。没有"四季如春"的优质的气候资源，很难享受到经济回报上的饕餮盛宴。

但与专业性演出相比，完全由遗产地民众自发组织的非专业性演出，演的基本上就是他们平时所唱的歌、所跳的舞，不需要彩排，也不需要投资，同时，对客流量也没有特别大的要求。与讲求"高""大""上"的专业性演出不同，这类非专业型演出更容易以"原生态"博得眼球。这对于那些急于了解当地风土人情的游人来说，显然更合他们的胃口。但需要指出的是，这类演出的最大卖点是"原生态"，一旦改编并被人识破，这类演出很快就会因此而失去自己的市场，这一点需特别注意。

七 如何活用传统工艺美术类遗产资源？

传统工艺美术是指那些具有重要审美价值与实用功能的工艺美术类遗产。如我们在遗产地见到的石雕、玉雕、木雕、竹雕、泥人、泥老虎、泥狗狗等，都属于这类遗产。传统工艺美术类遗产对遗产地旅游的贡献主要体现在以下两个方面：一是这些工艺品本身就是很好的旅游商品，如浙江青田的石雕，福建福州的漆器、软木画，安徽省休宁的罗盘，陕西省临潼区的兵马俑，都可以作为遗产地旅游资源加以开发。这些工艺品可以最大限度地满足旅游六要素"食、住、行、游、购、娱"中有关"购"的需求。这些工艺品生产过程本身，也是很好的旅游资源，可以作为一个全新的村落旅游产品开发出来，为遗产地旅游业提供更为强劲的动力。

十、问题篇

一 为什么说对优秀传统农耕技术的保护尚远远不够？

在农业文化遗产保护工作中，对传统农耕技术的保护是其中最重要的一环。这里所说的"传统农耕技术"，既包括传统育种技术、施肥技术、耕种技术，也包括传统的灌溉技术、排涝技术、病虫害防治技术以及收割储藏技术等等。从农业文化遗产评审角度看，是否还保留有非常优秀的传统农耕技术，肯定是评审工作最重要的尺度之一。如果申报地的传统农耕技术已经被现代农耕技术取代，那么，即使产量再高、品质再好，也不能进入《中国重要农业文化遗产名录》。从目前情况看，已经入选《中国重要农业文化遗产名录》者，基本上都能达到准入门槛。这是因为在指定农业文化遗产项目时，就已经考虑到了现代化机械设备进入的可能性：与现代化机械设备比较容易进入的平原项目相比，我们更倾向于选择那些现代化机械设备无法进入的山地型农业生产项目，以确保这类遗产的真实性。如果说在传统农耕技术上有问题，这些问题也多半出现在这些项目入选之后。一旦进入《中国重要农业文化遗产名录》，有些遗产地就会因其潜在的经济价值，而受到各利益集团的觊觎。这些外来资本也很容易本着经济利益最大化原则，用自己带来的"先进"技术，取代当地的传统农耕技术，从而导致传统农耕技术的快速流失。据我所知，目前已有部分农业遗产地在春耕秋收上，使用或部分使用了播种机、联合收割机等现代化设备，传统农业文化遗产在技术上开始受到一步步蚕食。"千里之堤毁于蚁穴"，类似问题如不及时解决，农业文化遗产必将名不副实，必须引起我们的高度重视。

其实，与机械化取代传统农耕技术相比，更大的问题是农药、化肥、除草剂的滥用。在中国重要农业文化遗产项目评审之初，我们就已经注意到了类似问题。但在中国这样一个已经步入现代社会的农业国，要想找到一块完全不使用化肥、农药、除草剂的农业遗产地，事实上是很难的。于是我们选取了化肥、农药、除草剂使用偏少的偏僻落后地区。为确保农业遗产项目在数量上的均衡，我们在东部地区更多的选择了果木类遗产。原因是：与大田作物相比，果木更重视农家肥的使用。经验告诉我们，使用化肥、农药、除草剂，不但会影响果品品质，同时也会影响到水果的成果率。但后来我们发现，即或使用农家肥，同样有它的问题：集中养殖下产出的农家肥，存在着抗生素严重超标等一系列新问题，如何解决这些问题，需要我们进一步研究。

二 为什么说我们对优秀传统农作物品种的保护尚远远不够?

优秀的传统农作物品种,是一个民族传统农业的精华。评价一个民族传统农业是否先进,首先要看它是否培育出了非常优秀而独特的传统农作物品种,是否对当地特有的、品质优良的传统农作物品种实施了有效保护。评判一个农业项目能否入选《中国重要农业文化遗产名录》,首先要看它是否保留下了足够优秀的、独特的传统农作物品种。江西万年稻作文化系统、北京京西稻作文化系统、黑龙江宁安响水稻作文化系统、湖南花垣子腊贡米复合种养系统等,之所以能入选《中国重要农业文化遗产名录》,显然与他们保留有众多传统农作物品种有关。那么,是不是已经获批的中国重要农业文化遗产项目,都保留有优秀的传统农作物品种了呢?显然不是。对于这类遗产地,专家委员会虽已提出明确的整改意见,但时至今日仍不见完全落实。可见,要想找回当地优秀的传统农作物品种,仍有相当长的一段路要走。等待这些农业遗产地的,应该是"黄牌警告"。如果屡教不改,也难免被"红牌拿下"。因为作为中国重要粮食品种基因库的中国重要农业文化遗产地,不应该也不可能将转基因、杂交稻作为自己的保存对象。这一点毋庸置疑。

令人欣慰的是,进入《名录》之后,也确有很多遗产地在专家委员会的指导下,在寻找当地特有的传统农作物品种方面作了很多工作,也取得了不小的成绩。如云南红河州的哈尼梯田、内蒙古的敖汉旗小米、福建的联合梯田等,都做出了许多扎扎实实的工作,恢复了不少传统农作物品种,起到了很好的导向作用,他们的努力值得肯定。

三 造成遗产地不愿种植传统农作物品种的原因是什么？

造成农业遗产地不愿种植传统农作物品种的原因有二：一是旅游开发给农业遗产地原有品种种植带来的破坏，二是因改种高产农作物品种给遗产地原有品种带来的破坏。

旅游开发是农业遗产地增加自身收入的常用方法之一。随着农业遗产地旅游的到来，当地农民从原来只能靠种地挣上一份钱，到现在同时能挣到种地、旅游两份钱，这本身是件好事。但如果处理不当，好事很容易变成坏事，且这样的例子不胜枚举。如某遗产地历史上以种植蔬菜为主，而且，其中的香葱、龙香芋举国闻名。然而，近年来随着旅游观光的需要，这里被大面积种植上了观赏性植物万寿菊、向日葵、杭白菊、鸡冠花等，使这里从"一朵菜花"，逐渐演变成了"春看菜花、夏赏荷花、秋看菊花、冬看芦花"的旅游景区。据有关方面统计，2014年以来，该景区仅种植万寿菊就多达1300多亩。从旅游角度来说，吸引游客似乎无可厚非，但需要注意的是，这里是中国重要农业文化遗产地，你的任务是要保护好本土农作物品种。放弃亟须保护的传统农作物品种而改种其他观赏性植物，这显然有违农业文化遗产保护的初衷，实不可取。

　　一味追求产量，也是传统农作物品种惨遭破坏的重要原因之一。如有些地方原本种植的是传统农作物品种，由于产量过低，一些传统农作物品种最终还是被产量更高的新品种所代替。这种在饥饿中产生的以量取胜的农作物品种"价值观"一旦上位，就很容易给以保护传统农作物品种为己任的农业文化遗产，造成意想不到的灾难。因为农业文化遗产所保护的肯定不是当代人研发出来的转基因、杂交稻，而是历史上祖先们历经千百年培育出来的传统农作物品种。这种在农作物品种上偷梁换柱的做法，将会直接影响到中国农业文化遗产中最需保护、最需传承的中国农耕文明之"核"。说到底，农耕文明乃是通过一个又一个优秀传统农作物品种加以传承的。以真换假，用当代产品取代传统农作物品种，其结果，就是向我们的子孙后代传递一个又一个的"假情报"，我们就会成为历史上的罪人。

四 为什么说物种基因库取代不了传统农作物品种的活态传承？

保护传统农作物品种具有重要的战略意义：一是它可以帮助人类解决因转基因、杂交稻以及大机械化生产带来的口味单一化的问题，可为满足人类口味的多样性提供最起码的农作物品种资源上的保障；二是农作物品种的多样性，可以有效地防止农业生产中病虫害的快速传播。

为解决类似问题，多数国家开始了基因库的建设，试图通过国家物种基因库，完成对传统农作物品种的保护。但物种基因库有它明显的短板。据有关资料显示，大多数农作物种子的寿命在一般贮藏条件下通常只有1—3年。例如花生种子的寿命为1年，小麦、水稻、玉米、大豆种子的寿命为3—6年。否则，时间一长，种子就会因细胞内蛋白质的变性而失去其应有的活力。如北京京西稻原有品种已经失传，虽然后来人们在物种基因库中找到了原有品种紫金箍，但出芽率很低，且品质已出现严重退化，无法继续使用。反之，如果我们在遗产地坚持种植，许多传统农作物品种，就会在当地农民手中代代相传，而且越传越好。农业文化遗产的活态传承，应该成为解决传统农作物品种永续传承的最佳手段。

五 为什么说我们对优秀传统农具制作技术的保护远远不够？

提到"传统",很多人首先想到的便是"落后"。其实,农业文化遗产保护的不是落后,而是在千百年传承、遴选的基础上,保留下来的一个民族传统农耕文明中的精华,这其中便包括了人类在历史上创造并以活态形式原汁原味传承至今的传统农具。

保护传统农具的意义有三:

(一)通过传统农具感悟古人的智慧。其实,中国历史上许多传统农业生产工具,都不一定有着多高的技术含量,但它一定是最实用的。譬如甘肃省皋兰县什川镇万亩梨园、浙江会稽山千年古香榧群,在摘果时所使用的蜈蚣梯,内蒙古敖汉旗旱地播种神器籽葫芦,技术含量都不高,但这些农业生产工具都具有制作简单、使用方便、皮实耐用的特点,充分反映出当地匠人的独特智慧。

(二)通过传统农具感悟古人对每个个体的人文关怀。传统农具的一个重要特征就是它的个性化定制。这里所说的"个性化",首先是指传统农具可以满足不同地域、不同土壤环境下的特殊需求——他们生产的每一件农具,都需要根据当地特有的地质、地貌进行量身定制。如云南红河四县所使用的每一种农具，无论是锄头、镐头，还是镰刀等，都会根据当地的自然环境、土壤特点、劳作场所的冗余度，来设计每一件农具的长短、粗细、材质、重量、角度以及刃口的宽窄等等。个性化定制的另一层含义，是指农具制作匠人还会根据不同客户的身高、体力、性别以及手掌大小等等，提出更具个性化的建议。生产工具的个性化定制不但方便了客户，同时也提高了农民的生产效率。

（三）通过传统农具感悟古人可持续发展理念的可贵。"传统农耕技术所使用的基本动力来自自然，几乎可以做到无本经营。它在满足农村加工业、灌溉业所需能量的同时，也有效地避免了工业文明所带来的各种污染和巨大的能源消耗。我们没有理由随意消灭它，也不应该简单地以一种文明取代另一种文明。我们的任务是：一是保护，二是研究，三是发展。"

但是，在现实生活中，许多地方同志在对这个问题上理解上仍存在许多误区。如在南方稻米产区，历史上防治稻冥虫有一套属于自己的方法。但我们并没有意识到保护这种传统农耕技术的重要性，不假思索地用近年来发展起来的紫外线灭虫技术取代了传统的灭虫技术，害虫虽然被消灭了，但传统灭虫技术却因此失传。这种偷梁换柱的做法，同样有违农业文化遗产保护的初衷，不值得提倡。

在比较发达的省份，传统农具的使用量越来越少，有些地方甚至干脆把它放进博物馆。传统民俗博物馆投资少、见效快，在宣传和弘扬农业文化遗产的过程中确实会发挥了一定作用，但说到底，我们的包括传统农业生产工具在内的传统农耕文明，是不可能通过博物馆的静态展示来传承的。我们讲的包括传统农具在内的农业文化遗产保护，不是把它们放进博物馆将它们雪藏起来，而是让它们在年复一年的农业生产中，以活态传承的方式，一代接一代地传承下来。也就是说，博物馆在不影响农业文化遗产活态传承的前提下，可以作为农业文化遗产的展示手段、传播手段来发挥其应有的作用，但农业文化遗产的真正传承一定是通过活态的方式来实现代际传承的。

六 为什么说我们对外来物种的监管还远远不够?

数年前,云南红河梯田遭遇小龙虾侵袭。只在防治小龙虾上,便已给红河梯田带来数百万元人民币的损失,而2018年7月的一场暴雨,又给元阳老虎嘴梯田带来更大面积的地质灾害,教训不可谓不深。其实,对像红河梯田这样的高山水田,其他物种的入侵同样不可小觑,必须引起我们的足够重视。据调查,目前进入红河哈尼梯田的外来物种主要有两个:一是小龙虾,二是福寿螺。它们给红河梯田带来的损失及危害主要表现在两个方面:

(一)小龙虾和福寿螺等外来物种的入侵,直接造成了当地水稻的减产。小龙虾、福寿螺对水稻的破坏主要与它们的生物习性有关。小龙虾食性较广,特别喜欢吃水稻的新鲜根系。由于喜欢穴居,它们挖掘出的洞穴,很容易造成秧苗的倒伏,直接影响到了水稻的产量;而福寿螺作为一种软体动物,个体大、食性广、适应性强、生长繁殖快(每只雌螺可年产卵万粒左右)。其孵化后,稍长即开始啃食水稻,尤喜幼嫩部分,对水稻危害极大。

(二)小龙虾和福寿螺等外来物种的入侵,破坏了梯田等原有农业基础设施。小龙虾喜欢穴居,常在田埂打洞,最深者可达一米。小龙虾的这种穴居习性在平原地区问题并不太大，但倘若养在像红河梯田这样的山区梯田里，问题就会非常多。其中一个最直接的后果，便是非常容易造成梯田田埂的垮塌。如果发现不及时，或是雨水过大，甚至会造成梯田由上至下的大面积滑坡。一旦滑坡，便很难修复。即或能够修复，也会产生高昂的人工成本，给当地百姓的收入带来直接影响。

（三）小龙虾、福寿螺等外来物种入侵，还会对当地生态环境造成很负面的影响。

在红河梯田生物链中，小龙虾居于生物链的顶端。这种被称为"克氏原螯虾"的甲壳类动物以鱼苗为食，这就打破了红河梯田原有的生态系统，直接影响到了当地鱼类的自然繁衍，"稻田养鱼""稻鱼共生"的生态农业，也就成了一句空话。

其实，外来物种的进入是个非常广义的概念，不能一概而论。如玉米、番茄、辣椒、黄瓜、土豆、红薯等都是外来物种。它们的到来，非但没有给中国的生态环境带来负面影响，反倒是丰富了中国人的"菜篮子"，提升了中国人的生活品质。对于这样的外来物种，我们是欢迎的。我们所说的"外来物种入侵"，主要是指那些进入中国后，对中国农业生态或自然生态带来负面影响的那些物种。这样的物种不但不能引进，而且还要严防死守；否则，一旦引进，很难根除，并会对当地的生态环境带来永久的伤害。

需要特别指出的是,作为农业文化遗产地,我们的要求会比普通地区要求更严格些。如果用一句话来表述,那就是我们反对以任何形式出现的外来物种的进入。

七 为什么说我们对当地农民队伍的保护远远不够?

中国农业文化遗产保护出现问题,还有一个十分重要的原因:懂得传统农耕技术与农耕经验的农民队伍大量流失。近 20 年来,随着中国城市化发展进程的不断加快,农村人口急剧减少。而且,生活在农村的常住人口也不再是身强力壮、专门从事农业生产的青壮年,而是年老体衰的老人和较少从事农业生产劳动的妇女、儿童,于是,传统农耕技术与经验的传承在这里出现了明显的断档。

传统农耕技艺的传承首先需要"人"这个基本载体。人都没了,真正懂得传统农耕技术与农耕经验的人都没了,农业文化遗产何以传承?要想让懂行的农民回乡,将传统农耕技术与经验真正地继承下来并传承下去,才是问题的关键。这就需要我们首先解决农民回乡的动力学问题。城市的艰辛,很多农民都体悟到了,抛家舍业的痛苦,很多农民也都体悟到了,如果我们能从根本上解决返乡农民的基本需求,能够从根本上改善返乡农民的生活环境,加之亲情牵挂,让农民返乡并非没有可能。问题的关键是需要各级政府出台一系列优农惠农政策,通过提高农村人口的生活水平,使农民成为一个受人尊敬的职业,农业文化遗产的活态传承才会后继有人。

八 为什么说我们对传统农耕信仰的保护远远不够？

农耕信仰是传统农耕文明的重要标识，也是传统农耕文明的重要支撑。在农业文化遗产保护过程中，要将农耕信仰视为农业文化遗产的重要组成部分，要充分意识到农耕信仰在维系社会秩序、协调人际关系、净化人类心灵、保护自然生态等方面所发挥的积极作用。要想保护好农业文化遗产，同时还要保护好与之相关的传统节日仪式，并通过一年一度的祭山仪式、祭水仪式等，通过仪式来强化当地人保护山林、敬畏自然的意识。

在保护传统仪式过程中，首先要提高认识，深入发掘传统仪式中的正能量，同时坚持"民间事儿民间办"原则，"还俗民间"，让民间在弘扬传统节日仪式中发挥主导作用。这一点非常重要。

那么，在传统仪式传承过程中，政府需要做哪些工作呢？我们认为政府的任务，就在做好宣传、鼓励、推动以及会期中的后勤服务、后勤保障工作，而不是直接参与，更不能利用自己的行政优势取代民间，而使自己成为传统仪式的传承主体，否则，原汁原味的民俗变成死气沉沉的"官俗"，仪式就会变成另一种形式的"开会"。官俗化的另一种表现,就是将原有仪式改造成政府的所谓"艺术节"。反观近40年来由各级政府打造的所谓"艺术节",几乎没有成功的先例。

九 为什么说把传统仪式当作"封建迷信"是件非常糟糕的事儿？

在调查中，我们发现，并不是所有的民俗都能得到社会的认可，如具有某种传统信仰成分的仪式，就很难获得社会的认可。在他们看来，这些信仰以及为之服务的相关仪式，说到底就是"封建迷信"，不但应该打倒，而且，还要踏上一只脚，叫它永世不得翻身。

其实，传统仪式、传统庙会与封建迷信是完全不同的两码事。大家认为有关联，是因为人们尚没有将"迷信"与"俗信"严格区分开来。什么是"迷信"？所谓"迷信"，是指以"坑蒙拐骗""谋财害命"为基本动机的行骗行为。而传统仪式与传统庙会，一不坑人，二不害命，传承数千年的结果也告诉我们，它们的存在不但没有阻碍社会的发展、文明的进步，反倒是促进了社会风气的好转，推动了人类文明的进步，制止了滥砍盗伐，保住了绿水青山，改善了当地的自然生态环境，何罪之有？

我们认为传统仪式与传统庙会不是"迷信"，而是"俗信"，是一般老百姓为维系社会秩序、协调人际关系、净化人类心灵、保护自然生态而形成的一整套民间信仰活动，它对社会发展有百利而无一害,我们为什么一定要将这些古老而实用、美丽而无害的民间信仰及其仪式斩尽杀绝呢?事实将会证明,在农业文化遗产保护与传承过程中,如果文明一直稀里糊涂地将"迷信"与"俗信"混为一谈,文明的农业文化遗产就会因信仰体系的崩塌而彻底消亡。俗话说"度人先要度自己",如果连我们自己都一直生活在"左"倾思想的阴影里,对祖先文明非但毫无敬畏之心,反倒是常常以反对迷信的名义,不分青红皂白地反对一切祖先文明,保护农业文化遗产岂不成了一句空话?

十 为什么说我们对传统农业生产制度的保护还远远不够？

农业生产制度是人类为维护农耕生产秩序而制定出来的一系列规章制度。这些规章制度既包括以乡规民约为代表的民间习惯法，也包括相应的民间禁忌等等。在内蒙古的阿鲁科尔沁，人们在设置火塘时，必须先将火塘处的草皮铲下，并放置在不碍事的地方。使用结束后，再将草皮恢复至原有模样，从而确保草场不致遭受人为破坏。在南方竹产区，人们对竹的砍伐是有严格规定的。从时间上看，砍竹不能选在雨季。否则，砍下的竹子很容易因潮湿而产生霉变。砍竹的最好季节是秋季。这时的竹子不但成材率高，而且不容易霉变。在红河梯田，哈尼人为确保水源，他们十分注重位于村寨上方的水源地的寨神林的保护。不但人不能随意进入森林砍伐，就是大型家畜也不能随意进入，否则就会受到民间习惯法的严惩。

历史已经证明，一个完善的农业文化遗产项目，仅凭技术的卓越是远远不够的，有时还需要有完备的农业生产制度做支撑，而且，越是不发达地区的农业文化遗产，就越需要这种完善的农业生产制度的介入，否则，农业生产就不可能获得可持续发展。

附 录

一　中国重要农业文化遗产名录

第一批中国农业文化遗产（2013年，19项）

一、河北宣化传统葡萄园

二、内蒙古敖汉旱作农业系统

三、辽宁鞍山南果梨栽培系统

四、辽宁宽甸柱参传统栽培体系

五、江苏兴化垛田传统农业系统

六、浙江青田稻鱼共生系统

七、浙江绍兴会稽山古香榧群

八、福建福州茉莉花种植与茶文化系统

九、福建尤溪联合梯田

十、江西万年稻作文化系统

十一、湖南新化紫鹊界梯田

十二、云南红河哈尼稻作梯田系统

十三、云南普洱古茶园与茶文化系统

十四、云南漾濞核桃—作物复合系统

十五、贵州从江侗乡稻鱼鸭系统

十六、陕西佳昌古枣园

十七、甘肃皋兰什川古梨园

十八、甘肃迭部扎尕那农林牧复合系统

十九、新疆吐鲁番坎儿井农业系统

第二批中国农业农业文化遗产（2014 年，20 项）

一、天津滨海崔庄古冬枣园

二、河北宽城传统板栗栽培系统

三、河北涉县旱作梯田系统

四、内蒙古阿鲁科尔沁草原游牧系统

五、浙江杭州西湖龙井茶文化系统

六、浙江湖州桑基鱼塘系统

七、浙江庆元香菇文化系统

八、福建安溪铁观音茶文化系统

九、江西崇义客家梯田系统

十、山东夏津黄河故道古桑树群

十一、湖北赤壁羊楼洞砖茶文化系统

十二、湖南新晃侗藏红米种植系统

十三、广东潮安凤凰单丛茶文化系统

十四、广西龙胜龙脊梯田系统

十五、四川江油辛夷花传统栽培体系

十六、云南广南八宝稻作生态系统

十七、云南剑川稻麦复种系统

十八、甘肃岷县当归种植系统

十九、宁夏灵武长枣种植系统

二十、新疆哈密市哈密瓜栽培与贡瓜文化系统

第三批中国重要农业文化遗产（2016年，23项）

一、北京平谷四座楼麻核桃生产系统

二、北京京西稻作文化系统

三、辽宁桓仁京租稻栽培系统

四、吉林延边苹果梨栽培系统

五、黑龙江抚远赫哲族鱼文化系统

六、黑龙江宁安响水稻作文化系统

七、江苏省泰兴银杏栽培系统

八、浙江仙居杨梅栽培系统

九、浙江云和梯田农业系统

十、山东枣庄古枣林

十一、山东乐陵枣林复合系统

十二、安徽寿县芍陂（安丰塘）及灌区农业系统

十三、安徽休宁山泉流水养鱼系统

十四、河南灵宝川塬古枣林

十五、湖北恩施玉露茶文化系统

十六、广西隆安壮族"那文化"稻作文化系统

十七、四川苍溪雪梨栽培系统

十八、四川美姑苦荞栽培系统

十九、云南双江勐库古茶园与茶文化系统

二十、贵州花溪古茶树与茶文化系统

二十一、宁夏中宁枸杞种植系统

二十二、甘肃永登苦水玫瑰农作系统

二十三、新疆奇台旱作农业系统

第四批中国重要农业文化遗产名单（2017年，29项）

一、河北迁西板栗复合栽培系统

二、河北兴隆传统山楂栽培系统

三、山西稷山板枣生产系统

四、内蒙古伊金霍洛农牧生产系统

五、吉林柳河山葡萄栽培系统

六、吉林九台五官屯贡米栽培系统

七、江苏高邮湖泊湿地农业系统

八、江苏无锡阳山水蜜桃栽培系统

九、浙江德清淡水珍珠传统养殖与利用系统

十、安徽铜陵白姜种植系统

十一、安徽黄山太平猴魁茶文化系统

十二、福建福鼎白茶文化系统

十三、江西南丰蜜橘栽培系统

十四、江西广昌莲作文化系统

十五、山东章丘大葱栽培系统

十六、河南新安传统樱桃种植系统

十七、湖南新田三味辣椒种植系统

十八、湖南花垣子腊贡米复合种养系统

十九、广西恭城月柿栽培系统

二十、海南海口羊山荔枝种植系统

二十一、海南琼中山兰稻作文化系统

二十二、重庆石柱黄连生产系统

二十三、四川盐亭嫘祖蚕桑生产系统

二十四、四川名山蒙顶山茶文化系统

二十五、云南腾冲槟榔江水牛养殖系统

二十六、陕西凤县大红袍花椒栽培系统

二十七、陕西蓝田大杏种植系统

二十八、宁夏盐池滩羊养殖系统

二十九、新疆伊犁察布查尔布哈农业系统

第五批中国重要农业文化遗产（2019年，27项）

一、天津津南小站稻种植系统

二、内蒙古乌拉特后旗戈壁红驼牧养系统

三、辽宁阜蒙旱作农业系统

四、江苏吴中碧螺春茶果复合系统

五、江苏宿豫丁嘴金针菜生产系统

六、浙江宁波黄古林蔺草—水稻轮作系统

七、浙江安吉竹文化系统

八、浙江黄岩蜜橘筑墩栽培系统

九、浙江开化山泉流水养鱼系统

十、江西泰和乌鸡林下生态养殖系统

十一、江西横峰葛栽培生态系统

十二、山东泰安汶阳田农作系统

十三、河南嵩县银杏文化系统

十四、湖南安化黑茶文化系统

十五、湖南保靖黄金寨古茶园与茶文化系统

十六、湖南永顺油茶林农复合系统

十七、广东佛山基塘农业系统

十八、广东岭南荔枝种植系统(增城、东莞)

十九、广西横县茉莉花复合栽培系统

二十、重庆大足黑山羊传统养殖系统

二十一、重庆万州红橘栽培系统

二十二、四川郫都林盘农耕文化系统

二十三、四川宜宾竹文化系统

二十四、四川石渠扎溪卡游牧系统

二十五、贵州锦屏杉木传统种植与管理系统

二十六、贵州安顺屯堡农业系统

二十七、陕西临潼石榴种植系统

第六批中国重要农业文化遗产名单（2021年，21项）

一、山西阳城蚕桑文化系统

二、内蒙古武川燕麦传统旱作系统

三、内蒙古东乌珠穆沁旗游牧生产系统

四、吉林和龙林下参—芝抚育系统

五、江苏启东沙地圩田农业系统

六、江苏吴江蚕桑文化系统

七、浙江缙云茭白—麻鸭共生系统

八、浙江桐乡蚕桑文化系统

九、安徽太湖山地复合农业系统

十、福建松溪竹蔗栽培系统

十一、江西浮梁茶文化系统

十二、山东莱阳古梨树群系统

十三、山东峄城石榴种植系统

十四、湖南龙山油桐种植系统

十五、广东海珠高畦深沟传统农业系统

十六、广西桂西北山地稻鱼复合系统（柳州市三江侗族自治县、融水苗族自治县，桂林市全州县，百色市靖西市、那坡县）

十七、云南文山三七种植系统

十八、西藏当雄高寒游牧系统

十九、西藏乃东青稞种植系统

二十、陕西汉阴凤堰稻作梯田系统

扩展项目

一、广东岭南荔枝种植系统（茂名）

（截至 2021 年，我国共有国家级重要农业文化遗产项目 6 批 139 项。）

二 全球重要农业文化遗产名录

第一批全球重要农业文化遗产（2005年，1项）
浙江青田稻鱼共生系统

第二批全球重要农业文化遗产（2010年，2项）
一、江西万年稻作文化系统
二、云南红河哈尼稻作梯田系统

第三批全球重要农业文化遗产（2011年，1项）
贵州从江侗乡稻鱼鸭系统

第四批全球重要农业文化遗产（2012年，2项）
一、云南普洱古茶园与茶文化系统
二、内蒙古敖汉旱作农业系统

第五批全球重要农业文化遗产（2013年，2项）
一、浙江绍兴会稽山古香榧群
二、河北宣化城市传统葡萄园

第六批全球重要农业文化遗产（2014年，3项）

一、陕西佳县古枣园

二、江苏兴化垛田传统农业系统

三、福建福州茉莉花与茶文化系统

第七批全球重要农业文化遗产（2017年，2项）

一、甘肃迭部扎尕那农林牧复合系统

二、浙江湖州桑基鱼塘系统

第八批全球重要农业文化遗产（2018年，2项）

一、山东夏津黄河故道古桑树群

二、中国南方山地稻作梯田系统

（截至2018年止，中国共有全球重要农业文化遗产项目8批15项）